Lorenz Jäger

Die schöne Kunst, das Schicksal zu lesen

Kleines Brevier der Astrologie

Lorenz Jäger

Die schöne Kunst, das Schicksal zu lesen

Kleines Brevier der Astrologie

zu Klampen!

Für Alissa

info@zuklampen.de · www.zuklampen.de

Umschlag: Matthias Vogel (paramikron), Hannover
Satz: thielenVERLAGSBÜRO, Hannover
Druck: CPI - Clausen & Bosse, Leck

ISBN 978-3-86674-039-6

Bibliografische Information Der Deutschen Bibliothek
Die Deutsche Bibliothek verzeichnet diese Publikation in der Deutschen Nationalbibliografie; detaillierte bibliografische Daten sind im Internet über ‹http://dnb.ddb.de› abrufbar.

INHALT

Mannigfache Wege gehen die Menschen. Wer sie verfolgt und vergleicht, wird wunderliche Figuren entstehen sehn; Figuren, die zu jener großen Chiffernschrift zu gehören scheinen, die man überall, auf Flügeln, Eierschalen, in Wolken, im Schnee, in Kristallen und in Steinbildungen, auf gefrierenden Wassern, im Innern und Äußern der Gebirge, der Pflanzen, der Tiere, der Menschen, in den Lichtern des Himmels, auf berührten und gestrichenen Scheiben von Pech und Glas, in den Feilspänen um den Magnet her, und sonderbaren Konjunkturen des Zufalls, erblickt. In ihnen ahndet man den Schlüssel dieser Wunderschrift, die Sprachlehre derselben, allein die Ahndung will sich selbst in keine feste Formen fügen, und scheint kein höherer Schlüssel werden zu wollen. Ein Alkahest scheint über die Sinne der Menschen ausgegossen zu sein. Nur augenblicklich scheinen ihre Wünsche, ihre Gedanken sich zu verdichten. So entstehen ihre Ahndungen, aber nach kurzen Zeiten schwimmt alles wieder, wie vorher, vor ihren Blicken.

NOVALIS, DIE LEHRLINGE ZU SAIS

DIE ZWÖLF – JULIANAS TELLER UND ALTE VERFASSUNGEN

Beim Essen kam die Sprache auf merkwürdige Begebenheiten. Jeder gab etwas höchst Unwahrscheinliches zum Besten, und Astrid sprach von ihrer Zeit in New York. »Ich stieg meistens im Hotel des YMCA in der siebenundvierzigsten Straße ab, das war günstig. Einmal wohnte ich ganz oben. Zum Frühstück nahm ich den Fahrstuhl nach unten, und wer diesmal zustieg, das war ein echter Texaner, mit dem Hut und den Stiefeln eines Cowboys. In der unkomplizierten Art dieser Leute fragte er mich: ›Where're you from?‹ Ich sage: Frankfurt. Und nun ging ein Redestrom über mich nieder, von dem ich immer nur das eine verstand: ›It was at noon ...‹ Unklar, was er meinte. Doch in dem Moment, da wir unten ankommen, dämmert es mir: Der Mann erzählte den Anfang von *Dichtung und Wahrheit*, den er halbwegs auswendig kannte: ›Am 28. August 1749, mittags mit dem Glockenschlage zwölf, kam ich in Frankfurt am Main auf die Welt. Die Konstellation war glücklich‹, schreibt Goethe – ich hab's später noch mal nachgesehen. Alles hätte ich mir von dem Cowboy erwartet, nur das nicht.«

»Was denn für eine Konstellation?«, fragte Theodora.

»Jungfrau. Oder, in seinen eigenen Worten: ›Die Sonne stand im Zeichen der Jungfrau, und kulminierte für den Tag; Jupiter und Venus blickten sie freundlich an, Merkur nicht widerwärtig; Saturn und Mars verhielten sich gleichgültig: nur der Mond, der soeben voll ward, übte die Kraft seines Gegenscheins um so mehr, als zugleich seine Planetenstunde eingetreten war. Er widersetzte sich daher meiner Geburt, die nicht eher erfolgen konnte, als bis diese Stunde vorübergegangen.‹

Kulminierte, das will sagen, die Sonne stand ganz oben am Himmel, eben zur Mittagsstunde; ›Gegenschein‹ will sagen, es war Vollmond. Aber die Sache ist kompliziert genug.«

Astrid leitete die graphische Sammlung der Kunsthalle in M., Theodora, eine Griechin, die sich uns seit einiger Zeit sehr angeschlossen hatte, studierte Philosophie in der nahegelegenen Universität.

»Hat Goethe denn an die Astrologie geglaubt?«, wollte sie wissen. »Nach Voltaire und nach Diderot, die er beide übersetzt hat, nach dem ganzen achtzehnten Jahrhundert mit seiner Skepsis, seinen Aufklärungen und Zertrümmerungen?«

»Dies«, so Joachim, unser Jurist, der uns lieb geworden war durch die besondere Art, in der er völlige Illusionslosigkeit in weltlichen Dingen mit dem Glauben zu verbinden wusste, »ist vielleicht nicht das Entscheidende. Goethe zollt einer Tradition seinen Respekt, auf sehr kluge Weise, wie mir scheint, und das will ich erst einmal loben.«

»Nein«, sagte ich, »du hast zwar schön und höflich über Goethe gesprochen, und es macht sich immer gut, seine Autorität anzurufen. Aber der Sache selbst kommst du damit doch nicht bei. Wir wollen sie ja nicht entschuldigen und dann auf sich beruhen lassen, es muss doch mehr daran sein.«

»Willst Du sagen«, fragte Theodora, »ich wäre eine andere, wenn ich an einem andern Tag geboren worden wäre?«

»Darauf läuft es hinaus«, meinte Astrid. »Die Frage, wer du deinem Wesen nach bist, ist sicher nicht unabhängig von der Frage zu beantworten, wann und wo du in den Prozess eingetreten bist, beide fallen nach der strengen Auffassung der Astrologie am Ende zusammen. Welcher Generation du angehörst, das ist eine dieser Fragen, noch mit ziemlich großem Abstand gestellt. Wie alt warst du, als Kennedy ermordet wurde, als das Farbfernsehen kam, als die ersten Musikvideos liefen, als die Mauer fiel, oder am 11. September 2001? Denk einmal an die Begriffe für Alterskohorten, die sich in der Sozialwissenschaft durchgesetzt haben, an die Rede von den

Generationen. Die skeptische der jüngsten Kriegsteilnehmer und der Flakhelfer, geboren Ende der zwanziger Jahre, der man ihren Pragmatismus nachsagt oder ihre Schlüsselrolle beim Aufbau der Bundesrepublik. Die Achtundsechziger, hedonistisch, vom wachsenden Wohlstand der fünfziger Jahre geprägt. Aber schon da kannst du das Bild noch schärfer einstellen. Jemand aus dem Jahrgang 1940 war vielleicht während der Unruhen schon Assistent, musste seiner ganzen Stellung nach Rücksichten nehmen und hatte einen anderen Verhaltensstil als jemand vom Jahrgang 1946, der gerade mit dem Studium begonnen hatte und sich bedenkenloser hineinstürzen konnte. Man spricht von der spielerischen und desillusionierten Generation Golf der zwischen 1965 und 1975 Geborenen, und heute von der Generation Praktikum. An einem bestimmten, unverwechselbaren Stil glaubt man alle diese Gruppen zu erkennen. Sicher ist der Habitus nicht einheitlich, aber er gibt selbst dann das Thema vor, wenn man ihm widerstehen will. Geh in diese Richtung noch ein, zwei Schritte weiter, und du kommst zu einem Geburtsjahr. Kürzlich haben Historiker ein eigenes Symposion der einzigen Frage gewidmet, welcher Stil, welche gemeinsamen Fragen den Jahrgang 1948 in ihrer Disziplin auszeichnen. Nun stell das Bild noch schärfer ein, und du bist bei Goethes orphischen Urworten: ›Wie an dem Tag, der dich der Welt verliehen, / Die Sonne stand zum Gruße der Planeten, / Bist alsobald und fort und fort gediehen, / Nach dem Gesetz wonach du angetreten. / So musst du sein, so sagten schon Sibyllen, so Propheten / und keine Zeit und keine Macht zerstückelt / geprägte Form, die lebend sich entwickelt.‹

Setze für ›Planeten‹ einstweilen ruhig etwas anderes ein. Auch irdischere Mächte treten in prägende Konstellationen; welche davon er wählt, hängt von der Perspektive des Interpreten ab. Aber dass es dieser und kein anderer Tag war, der ein ganzes Leben bestimmen konnte, hat man oft bemerkt. Thomas Hobbes, der Philosoph und Staatsdenker, bei dem die

Furcht vor der Gewalt dazu führte, dass er den Leviathan, den absolutistischen Staat, verherrlichte, wurde geboren an just dem Tag, da die spanische Armada Großbritannien angriff, und er selbst hat darin den Schlüssel zu seiner Existenz sehen wollen. Die Furcht der Mutter soll die Frühgeburt eingeleitet haben, und in seinem Lebensrückblick schrieb Hobbes, sie habe Zwillinge zur Welt gebracht, ihn selbst und die Furcht (›*she did bring forth twins at once, both me and fear*‹).«

»Nun hast du jedenfalls dem Wort ›Datenverarbeitung‹ einen neuen Sinn gegeben«, sagte ich. Man sprach scherzhaft dies und das über das Goethe-Tierkreiszeichen der Jungfrau, Theodora wollte wissen, welches andere Zeichen als Liebespartner tauge.

Ein Rätsel ist Reinentsprungenes. Auch
Der Gesang kaum darf es enthüllen. Denn
Wie du anfingst, wirst du bleiben,
So viel auch wirket die Not,
Und die Zucht, das meiste nämlich
Vermag die Geburt,
Und der Lichtstrahl, der
Dem Neugebornen begegnet.

Friedrich Hölderlin, Der Rhein

»Dann schau beim Nachtisch auf dein Zuckerstückchen, meine Liebe«, ließ sich Joachim unwirsch vernehmen. »Nein, wir müssen doch früher anfangen. Wer sich mit der Renaissance beschäftigt, wird an der Astrologie nicht vorbeikommen. Schlagt nur die Künstlerbiographien Vasaris auf, und ihr findet die planetarischen Förderer oder Aufhalter einer Karriere so beschrieben, wie es die ältesten Lehren der Sterndeutung wollten. Michelangelo, sagt Vasari, habe bei der Geburt Merkur und Venus ›in Konjunktion‹, im ›Haus des Jupiter‹ stehen gehabt, ›gran natività certamente‹, wie er auslegt, ›gewiss ein bedeutendes Geburtsbild‹, das der Künstler in seinem Schaffen dann auch glänzend bestätigt habe. Die Wiederentdeckung der Antike brachte damals auch die Götter ins Spiel, nun als Planetenherrscher. Aber waren sie denn je verschwunden? War Europa jemals wirklich ganz und ausschließlich monotheistisch? Deutet nicht alles auf einen Ausgleich zwischen der christlichen Lehre und der heidnischen Antike? Ist Europa, seiner Idee nach, nicht genau dieser Kompromiss? Musste die Kirche sich nicht mit den sieben Wochentagen abfinden, die in den romanischen Sprachen nach Planetengöttern benannt waren, für die im nebligen Nordeuropa die germanischen, niemals an den Sternenhimmel versetzten Götter eintraten?

Man muss noch weiter zurückgehen, um die eigentliche Würde des Sternglaubens zu verstehen. Was wir Astrologie nennen, ist der kleine, aufs Individuum umcodierte Rest einer älteren Anschauung, nach der was auf Erden als Institution existiert, sein Vorbild am Himmel findet. Von China bis ins westlichste Europa reicht diese kosmische Früh-Politik. Für die Person des Herrschers bedeutete diese Anschauung in vielen Weltgegenden (und in Japan im Grunde noch heute), dass man seine Herkunft auf die Sonne zurückführte, haargenau so war es im präkolumbianischen Südamerika. Verfassung, Religion und Kosmos waren einmal ein Kontinuum. Vielleicht gibt es sogar eine unausweichliche anthropologische Basis für diese Gedanken – Ovid jedenfalls glaubte, der aufrechte Gang sei dem Menschen deshalb gegeben worden, damit er den Sternenhimmel betrachten könne. Die Astrologie in dem Sinne allerdings, der sich bis heute gehalten hat, also die Berechnung und Deutung eines individuellen Horoskops, ist eine sehr späte Entwicklung.«

Und warum es eigentlich ausgerechnet zwölf Tierkreiszeichen seien, wollten wir nun alle wissen, und nicht siebzehn oder siebenundzwanzig?

Juliana, Dozentin für Gestaltung an unserer Kunstschule, hob ihren Teller. »Immer von der Anschauung ausgehen«, das war ihre Maxime auch diesmal. »Schau dir das mal an. Was siehst du? Das schöne Stück aus Meißen ist kreisförmig. Und nun betrachte den Rand. Er ist gegliedert, in zwölf Teile: sechs Früchte, sechs Blumenmuster. Und das hat seinen Sinn. Ich will es einmal mit den möglichen Alternativen versuchen: Man könnte auch elf oder dreizehn für den Rand nehmen. Nur wüsste dann das Auge buchstäblich nicht mehr, wo es ist; es gäbe kein klares Oben und Unten, kein Rechts und kein Links. Bei zwölfen hast du eine visuelle Orientierung.«

»Die hätte man aber auch mit nur vier Mustern«, wandte ich ein.

»Richtig. Aber das wäre für einen Kreis vielleicht zu arm, der wäre dann, sagen wir: visuell und strukturell unterbestimmt. Zwischen das Muster und den Kreis würde ein zu großer Abstand gelegt, das Muster wäre nicht mehr die Antwort auf die Form. Zwölf passen sich dem Kreis eher an, sie sind ihm homogener, sie sind selbst schon *fast* der Kreis und sie stiften Ordnung in ihm. So erkläre ich mir die Sache. Du hättest mit der Entscheidung für die Zwölf als Kreismuster zugleich die erste Entscheidung getroffen für das Gesetz und gegen die Gesetzlosigkeit; für die Ordnung und gegen die Wirrnis, für die Ästhetik – eine sehr einfache und elementare, zugegeben –

und gegen die Formlosigkeit, für das Einsehbare und gegen die Irrationalität, für die Orientierung und gegen das Verirren. So jedenfalls müssen die Alten gedacht haben, die von China über Indien und Ägypten bis nach Altisrael die Zwölf als Verfassungszahl schlechthin betrachtet haben. Theseus gründet Athen als Zusammenschluss von zwölf Dörfern, Israel teilten sich die zwölf Stämme der Jakobssöhne. Zwölf Imame kennt der schiitische Islam.«

»Es freut mich«, warf Joachim ein, »dass du über dem Ästhetischen das Politische und Rechtliche nicht ganz vernachlässigst. Unser deutsches Mittelalter ist ja voll davon, denke nur an die Zwölfergerichte, die für eine ganze Gruppe von Ortschaften zuständig waren; im Einzelfall mochten es auch ruhig zehn oder vierzehn sein, nur die Idee musste gewahrt bleiben. Warum das so war? Stell dir ein repräsentatives Gremium vor, etwa einen Kronrat, den Beirat irgendeiner Organisation. In ihm käme es darauf an, dass möglichst alle denkbaren Gesichtpunkte zur Sprache kämen, sodass kein Problem und kein Anliegen ohne Vertretung bliebe.

Die zwölf Könige aber hielten sich getreulich an ihre Vereinbarungen. Nach einer Weile aber, als sie einmal das Opfer begingen im Tempel des Hephaistos und am letzten Tag des Festes den Weinguss darbringen wollten, holte ihnen der Oberpriester aus der Kammer die Schalen aus Gold, mit denen sie zu spenden pflegten, versah sich aber in der Zahl und brachte nur elf, wo sie doch zwölf waren.

HERODOT, HISTORIEN, ZWEITES BUCH

Man kann damit beginnen, dass man Abgesandte aus den vier Himmelsrichtungen lädt. Diese vier allein bieten aber noch keine Garantie für eine vollständige Repräsentation. Man nimmt also ein zweites Prinzip hinzu, das man aus unseren Märchen kennt: das der drei Brüder, so viele müssen es aus jeder Himmelsrichtung sein. Oder man geht nach politischen Präferenzen: einen von der Linken, einen von der Rechten und einen aus der Mitte des Spektrums. So kommt man auf zwölf Vertreter, die nun in ihrer Gesamtheit eine gute Gewähr dafür bieten, dass zum einen alle Teile des Gebiets ihre regionalen Fürsprecher haben, und dass zum zweiten die Anliegen aller Parteiungen zur Sprache kommen. Damit stellt man Stabilität her, durch überschaubare Vielheit und gerechte Vertretung. Deshalb gilt ein Gremium von zwölf Mitgliedern seit je als Idealrepräsentation, die für ein Ganzes einsteht. Da die Mitglieder Repräsentanten sind, treten sie weniger als Individuen mit Eigennamen auf, vielmehr als Gesandte, die an einem Wappen oder ähnlichen Zeichen erkennbar sind. Es ist also nicht nur Ordnung, sondern eine *gute* Ordnung.

Die zwölf Zeichen wären so verstanden. Übrigens auch in dem Sinne, dass wir überall dort, wo wir auf die Zwölf treffen, eine Auswahl, eine Erwählung annehmen müssen. Die Zwölf *konstituieren* sich durch einen Akt der Wahl. Und deshalb bringt die Dreizehn Unglück, sie ist ›des Teufels Dutzend‹.«

Treize – j'eus un plaisir cruel de m'arrêter sur ce nombre.
MARCEL PROUST

Juliana wollte wieder auf die Gestaltung zurückkommen. »Nun müssen wir nur noch wissen, was ein Kreis ist – denn um den Tierkreis geht es uns ja. Was ist eigentlich ein Kreis? Eine der ältesten Gestalten, in denen sich die frühen Völker das Ganze vorstellten, oft aus Steinen gebildet. Die Vielheit der Kräfte – seien sie kosmische oder gesellschaftliche, das eine spiegelte damals noch das andere –, die, wenn man sie auf einer bloßen Linie anordnete, nicht mehr als eine Summe wären, ein fortlaufendes Eins-plus-eins-plus-eins – diese Kräfte bekunden im Kreis, dass sie sich zu einer neuen Gestaltqualität vereinigt haben und insofern mehr sind als ihre Summe. Der Kreis, so vermuten wir, war das sakralisierte Ganze. Gibt es überhaupt eine frühgeschichtliche Kultur, die diese Figur nicht in höchsten Ehren gehalten hätte? Ob der Kreis in seinen monumentalen Gestalten einen festlichen Versammlungsort bezeichnete oder ob er eine Art Observatorium darstellte, das auf die Sonnenwenden geeicht war, wird immer eine offene Frage bleiben, und es mag gut sein, dass er beide Zwecke erfüllte.

Die Denker haben gerne zu mathematischen und geometrischen Vorstellungen gegriffen, um ihren Systemen Anschaulichkeit zu geben. Nur einer unter ihnen war ein entschiedener Kreisfeind: der genialische, so vielfach problematische Wiener Philosoph Otto Weininger, der sich nach dem Abschluss seines Hauptwerks *Geschlecht und Charakter* am 4. Oktober 1903 erschoss, gerade einmal dreiundzwanzig Jahre alt. Die Erhabenheit der planetarischen Kreisbahnen, an denen die Alte Welt hing, bis Kepler sie für Ellipsen erkannte, sei Zeichen eines durchaus falschen Pathos des Gesetzes, die Würde der Launenlosigkeit nur erschlichen. Die rückläufige Bewegung nämlich sei die unethische Form schlechthin: ›Sie ist selbstzufrieden, sie schließt das Streben aus, sie wiederholt das Gleiche immerfort, sie ist, moralisch betrachtet, schlimmer als der wenigstens immer weiter rückwärts wollende, wenigstens sinnvolle Krebsgang.‹ Alles Kreisen sei absurd wie der Tanz, dem Weiningers besondere Erbitterung galt (Wien, die Stadt des Walzers, sah er als feminisiert und mithin ›unsittlich‹ an), oder die Wiederholung war unheimlich wie das Déjà-vu; am Ende gar auch amoralisch, weil in den Bann zwingend wie der Ring der Ehe oder der Magie. Der Planet Saturn erschien Weininger ›mit seinen Ringen und Monden geradezu als die Summation des Bösen‹.

Staunend steht man vor dieser fast tollkühnen Idee einer universellen physiognomischen Lesbarkeit der Welt, vor der psychologischen Ausdeutung von allem und jedem, die sich bei Weininger mit einer ungebrochenen Kraft äußert und ihn zu einem der großen Seelenforscher des zwanzigsten Jahrhunderts macht – einem gegenüber seinem Zeitgenossen Freud immer noch unterschätzten Mann. Weiningers radikale Sittlichkeit in der Betrachtung der Natur und der geometrischen Figuren sparte aber die Struktur der Erfahrung, ja des Glücks aus. Von Erfahrung nämlich, dies hatte kein geringerer als Hegel dargelegt, lässt sich erst dann sprechen, wenn die jeweils neuen, aktuellen Erlebnisse zugleich als Rückkehrbewegungen zu älteren, als deren Erhellung, gedeutet werden können. Hegel gehört zu den großen Fürsprechern des Kreises in der Philosophie – betrachtete er doch sogar sein System als einen ›Kreis von Kreisen‹. Und Glück schließt immer ein Wiederfinden ein, eines Kinderwunsches vielleicht, sicher eines Verlorengeglaubten. Aber das Glück war es ja gerade, was dem jungen Weininger auf ewig versperrt schien. Nach seiner Lehre sollte die Zeit ausschließlich einsinnig sein. Das bedeutete nun moderne Fortschrittslehre in ihrer allerkahlsten, lebensfeindlichsten Form. Denn zwar folgen die großen Kulturen allesamt einem Gründungsdatum, von dem her die Jahre in der Tat einsinnig fließen – die Griechen der ersten Olympiade, die Juden der Weltschöpfung, die Christen der Geburt des Erlösers, die Muslime dem Auszug des Propheten nach Medina –, aber das Leben innerhalb des Jahres ist auf die Wiederkehr verwiesen, auf die liturgischen oder säkularisierten Feste. Der Dichter und Schriftsteller Friedrich Georg Jünger, Bruder von Ernst Jünger und Verfasser eines modernekritischen Buches über die *Perfektion der Technik*, hat in seinen Betrachtungen zu Weininger geradezu versucht, den Suizid des Philosophen aus dieser ablehnenden Haltung gegenüber allem Zyklischen verständlich zu machen: ›Wenn das Denken die Wiederkehr ablehnt, wird ihr Vollzug gestört. Wenn es sie radikal verneint, wird das Leben, das auf ihr beruht, unerträglich. Dort, wo jede Wiederkehr verneint wird, ist der Selbstmord unabwendbar. Dass nichts wiederkehren soll, ist der Wunsch dessen, der Hand an sich legt.‹«

Wenn unser Abend nicht in diesem düsteren Missklang enden sollte, mussten wir uns also mit dem Kreis anfreunden.

Nachdem wir gegessen, getrunken, gelacht und alles durchgehechelt hatten, gingen wir hinauf zum Marburger Schloss.

Der Sternenhimmel schien wie für uns ausgespannt zu sein, eine feierliche Stimmung blieb nicht aus. Wir hatten den Kreis gefunden, in zwölf bezeichnete Segmente gegliedert, und wir befanden ihn für gut, für sinnvoll und ehrwürdig. Alles weitere würde sich ergeben.

Literaturhinweis

BENNO EIDE SIEBS: Weltbild, symbolische Zahl und Verfassungen, Aalen 1969

OTTO WEININGER: Über rückläufige Bewegung, in: Über die letzten Dinge, München 1997

FRIEDRICH GEORG JÜNGER: Otto Weininger, in: Der Pfahl I. Jahrbuch aus dem Niemandsland zwischen Kunst und Wissenschaft, München 1987

SUBJEKT-OBJEKT ODER WIE MAN IN DEN TIERKREIS HINEINKOMMT

Als wir einige Wochen darauf im Park von Schwetzingen wieder zusammenkamen, war es Theodora, die unser Gespräch nachträglich kritisierte. Es sei doch alles sehr abstrakt geblieben, und sie habe sich unter der Sache etwas viel Geheimnisvolleres vorgestellt, das aber fehle nun, das Intuitive und Phantastische, wo doch alles auf Logik hinauslaufe, eine ungewohnte zwar, aber eine in sich folgerichtige.

»Nein«, sagte Joachim, »abstrakt ist nur, was beziehungslos dasteht. Das Konkrete kommt gerade dann nicht näher, wenn du es direkt erhaschen willst. Es wird schon werden, ohne Geduld geht es bei den wichtigen Dingen nicht. Jetzt handelt es sich nur darum, wie wir in einen Kreis hineinkommen, von dem wir noch gar nichts wissen, außer dass wir ihn voraussetzen und dass er in zwölf Zeichen gegliedert ist. Die Zwölfe, wer sind sie? Mit wem fangen wir an? Ich schlage dir eine Lösung vor, die du für einen billigen Kunstgriff halten magst, aber ich weiß bis heute nichts Besseres. Nämlich: wir tun gar nichts, wir schauen einfach zu. Wir fangen mit dem an, der von sich aus anfängt, der als erster die Szene betritt, irgendeiner wird es schon sein. Genau in dem Moment halten wir den Film an und schreiben ihm diese Geste als Charakter zu, wir fixieren ihn auf diese *eine* Handlung. Künftig ist er für uns seinem Wesen nach der Mensch, der als erster auftritt. Aber schau, da kommt er schon!«

Astrid zog ein Bündel Papiere aus der Tasche und begann zu lesen.

♈

Hier, im Zeichen des Widders, ist ein Anfang. Der erste Lichtstrahl setzt dem Gleichgewicht von Tag und Nacht, das um den 21. März für einen Moment bestand, ein Ende; er nimmt es auf sich, der Erste zu sein. »Aries«, Widder, nannten die Römer den Rammbock, mit dem sie fremde Tore aufstießen. Was heißt es, ein Erster, ein Pionier zu sein? Die Fülle der naiven Kraft tritt kühn und dramatisch auf, energisch, motorisch gespannt, denn noch gibt es keine verlässliche objektive Welt, in die man sich finden könnte. Es muss ja alles erst durch die Aktion erreicht und getan werden, für das Warten – auf wen auch? und auf was? – fehlen die Voraussetzungen. Und im Zweifelsfall bedeutet, ein Widder zu sein: sich allem entgegenzusetzen, was schon besteht, was unbestimmt-untätig einfach da ist. Ein erster Auftritt, gleichgültig wo und wie, erfordert vor allem eins: Wucht. Argumente werden sich später schon finden lassen. Es muss den Menschen geben, der vorprescht und stets vorneweg ist, selbst um den Preis der Rücksichtslosigkeit. Er oder sie greift an und bringt einen Impuls in die Welt. Auf nichts kann er bauen als auf die eigene Tat. Er löst sich von der Herde, und nun ist er eben da. Zum Beispiel als der Stoßtruppführer Ernst Jünger, geboren am 29. März 1895, im selben Tierkreiszeichen wie sein Vater Ernst Georg Jünger. »Der Vater«, heißt es in den Subtilen Jagden, *»machte seinem Sternzeichen, dem Widder, Ehre als Mensch von schnellen, zugreifenden und meist erfolgreichen Bewegungen. Das galt auch für seine Neigungen, die ihn nach kurzer Inkubationszeit heftig ergriffen und ein Jahrzehnt lang*

Tag und Nacht beschäftigten, bis er sie wechselte. Sie schwanden dann nicht ganz aus seinem Leben, doch verlor er die Leidenschaft dafür. Es schien, dass ihn, wenn er ein Feld beherrschte, die Lust daran verließ. So hörte er mit dem Geldverdienen auf, als es ihm leicht geworden war, und mit dem Autofahren gerade dann, als die Wagen zuverlässig und die Straßen bequem wurden. Offenbar ging es ihm eher um das Ergreifen als um den Besitz.« Mars gilt als der Planetenherrscher des Zeichens, Gott des Krieges, des Angriffs. Jünger gehörte zu seinen Schützlingen, so viel ist sicher.

»Damit, dass das Zeichen Widder gerade durch den ersten Strahl definiert wird, der den Tag länger macht, hätten wir nun auch ein inhaltliches Kriterium gefunden, mit dem Widder zu beginnen – denn, wie du selbst gesagt hast, hast du dich ja erst einmal eines Kunstgriffs bedient, um zu einem Anfang zu kommen«, meinte ich.

»Ganz richtig«, erwiderte Astrid. »Und wir kommen damit auch zu einer Definition der Astrologie selbst. Sagen wir, es handle sich um eine Hermeneutik des Lichts. Die Kunst, der wir uns widmen, legt den Menschen aus nach seinem Verhältnis zu Licht und Nacht und zu den Himmelslichtern. Die Entscheidung über Licht und Nacht ist die schöpfungsgeschichtlich erste. Du weißt, wie der Einwand der Skeptiker lautet: Die Sternbilder, die in Babylon am Beginn von Astrologie und Astronomie standen, sind längst nicht mehr an den Orten der Tierkreiszeichen, die doch weiter ihre Namen tragen. Es geht um die Bewegung der Erdachse, die Präzession. Darum ist aber die Tierkreisordnung noch nicht willkürlich, im Gegenteil: Sie kommt erst jetzt zu ihrem wahren Begriff. Das Tierkreiszeichen Widder beginnt nicht da, wo die Sonne ins Sternbild Widder tritt, sondern am Frühlingspunkt, und dann werden dreißig Grad abgezählt, dann beginnt das nächste Tierkreiszeichen.«

♉

»Aber wie nun weiter?«, fragte die immer noch skeptische Theodora. »Stehen wir nicht immer noch ganz am Anfang?«

»Nein«, meinte ich: »Jetzt suchen wir den, der genau das nicht ist. Die erste Rolle ist ja schon besetzt, sie steht nicht mehr zu Verfügung. Der Charakter, den wir suchen, muss einer sein, der auf die genaueste Weise dem ersten antwortet.«

Und jetzt stimmte unsere Philosophin bei: »Ungefähr also nach der Regel der bestimmten Negation aus der dialektischen Philosophie.«

»Das wäre sicher das beste Modell, um weiterzukommen«, gab ich zu. »Ist der erste einmal da, dann fordert er logisch die Gegenwart eines zweiten. Dieser vertritt nun alle beharrenden, schon bestehenden Kräfte, die dem Impuls des ersten entgegenstehen. Also das Naturhafte, in sich schön Gebildete, das Kostbare. Die Stimme der Natur erhebt sich. Wenn dieser Mensch agiert, dann aus dem Begehren seiner Natur. Er ist für sich, er betont das Eigene und das Eigentum. Der ausgebreitete Naturplan ist seine Welt. Wir nennen ihn den Stier.«

Und nun begann Astrid wieder zu lesen.

Wenn Gottfried Benn, geboren am 2. Mai 1886, von den großen Festen sprach, von denen, die den Göttern geweiht waren, dann führte am Stier kein Weg vorbei. Vielmehr am Opfer des geschmückten Stiers, wie es beim Hauptfest der Griechen zwingend war: »Panathenaen / In Heiligtumen / Tyrrhenischer See / Stier unter Blumen / An Danae.« Der Reim verbindet das Heilige mit dem Opfertier: Für den Pfarrerssohn Benn bedeutete der Stier die vitalste, ganz untheologische Form der Götternähe. Ähnlich in dem Gedicht »Der späte Mensch«. Hier fließt »letztes Blut des weißen Stiers über die schweigenden Altäre«. Der Stier ist das zweite Tierkreiszeichen nach dem Widder. Er vertritt nun alles Beharrende, das dem ersten Impuls entgegensteht – das Gewachsene, nicht das Gewollte, das Schwere; das, was seiner Naturbeschaffenheit nach als wertvoll gilt. Deshalb ist der Stier, frühes Bild des Reichtums, ein würdiges Opfer. Und vielleicht redete Benn, der Stier, ja von sich selbst und vom eigenen Altern, als er 1929 schrieb: »Süße Stunde. O Altern! / Schon das Wappen verschenkt: Stier unter Fackelhaltern / und die Fackel gesenkt.« Aber es gibt noch einen anderen Stiermythos bei ihm, einen sexuellen. Er ist schnell erzählt. Minos, der Herrscher von Kreta, opferte dem Meeresgott Poseidon und flehte, es möge ein Stier aus der Tiefe kommen, den er dann dem Gott zu opfern versprach. Das Tier erscheint, aber Minos nimmt ihn unter seine Herde auf und opfert stattdessen einen andern. Der Götterzorn folgt prompt. Poseidon ließ Pasiphae, die Tochter des Herrschers, »in Begierde zum Stier entbrennen«. Sie lässt sich eine hölzerne Kuh bauen, in der sie sich verbirgt, und paart sich mit dem vom Gott Gesandten. Benns Kurzdrama Karandasch *zeigt den Arzt Pameelen, fliehend vor dem Kausalitätsdenken der Wissenschaft in die Antike eines Museums. Das Stück mündet in die Vision des Arztes: »Pasiphae, wie Du am Stier vergehst.« Gleich ist ein Museumsdiener da und ruft ihn zur Ordnung: »Unzucht, alles Unzucht!« In dem Gedicht »Karthago« des Jakob van Hoddis, geboren am 16. Mai 1887, 1942 verschwunden in Sobibor, lautet die erste Zeile: »Der eherne Stier speit Flammen.« Das war die katastrophische Moderne, die Großstadt, in die Antike gespiegelt, ins Menschen- und Brandopfer. »Umsonst heult der eherne Stier mit feurigem Schlunde, / Eure Töchter und Söhne verbrennt ihr im grässlichen Feuer vergebens.« Wir finden bei den Dichtern der klassischen Moderne Stiere aller Art – nur den Stier-Zeus, der sich verwandelt hatte, um die phönizische Prinzessin Europa*

zu entführen, den olympischen Stier also, den finden wir nicht mehr. Die Rolle des jupiterhaften Dichterfürsten war nicht mehr attraktiv.

»Und im Horoskop, wie wirkt er da?«, wollte ich wissen.

»Es ist eine massive Welt, in welcher der Stier sich findet«, präzisierte Astrid. »Er sieht Körperformen und ihr Gewicht, er betrachtet Materie, die einen Wert hat, und den kann er abschätzen. Ganz verkürzt gesagt: Dem Stier erscheint die Welt als sein Schatz, und wenn er noch nicht seiner ist, dann findet er Mittel, die diesen Wert zu dem seinen machen. Gebrauchswert und Tauschwert sind noch ganz eng beieinander – auch Karl Marx war ein Stier. Aus der Substantialität der Welt folgt aber auch eine gewisse Sturheit, wir finden einen Menschen, der von seinen Ansichten nur schwer abzubringen ist, weil sie eben in der Schwere seiner Interessen begründet sind; er lebt, möchte ich sagen, auch mental in der Sicherheit massiver Stoffe und Meinungen, lässt sich dabei nicht hereinreden.«

Nun kam jeder einmal an die Reihe mit dem Erzählen und Deuten und las aus Astrids Papieren.

♊

»Der Dritte«, sagte Joachim, »hebt diese Schwere auf. Er identifiziert sich mit dem Leichten und rein Bewussten, er ist der Leichtfüßige, der vieles in Beziehung setzt, nicht aus der Kenntnis der Substanzen und Naturstoffe, sondern der Relationen, die er schnell auffasst. Er wechselt auch die Positionen mit Leichtigkeit. So erscheint ihm sein Ideal als die vollständige Rationalität, die sich in evidenten Bezügen darstellt, artikuliert. Wir nennen ihn den Zwilling.

»Wie kommt es dem Kinde nur, fragt sein Vater Jaakob den jungen Joseph in einer sternklaren Nacht, »dass seine Rede gewitzt ist durch und durch, so dass sie lustig fällt über den Felsen der Wahrheit und ins Herz plätschert, dass es vor Freude hüpft?« Thomas Mann, geboren am 6. Juni 1875, wusste, als er Joseph und seine Brüder *schrieb, die Antwort: Die Gabe kam von den Sternen, und vor allem vom Zeichen Zwillinge, das auch sein eigenes Sonnenzeichen war. Denn wo beim Stier, dem vorhergehenden Bild, die Welt schwer, massig, naturhaft und stofflich erschien, da verwandelt sich dem Zwilling alles ins Leichte, in die reine Erfindung der Bezüge. Man wechselt Positionen, erprobt sie mit unendlichem Interesse und gibt sich als heiterer geistiger Spieler. Wege und Kunstgriffe gelingen in solcher Loslösung von den Sachen und dem Blick auf die Relationen. Ende Mai, Anfang Juni, Sternzeichen Zwillinge: Das ist die Zeit, in der Thomas Mann seine Figuren mit Vorliebe zur Welt kommen lässt. Rosalie von Thümmler, die »Betrogene«, ist ein »Maienkind«; Adrian Leverkühn, der Komponist aus dem* Doktor Faustus, *wurde geboren, »als im Jahre 1885 Blütezeit war«; in den späteren Kapiteln des Romans finden sich Hinweise, dass der Geburtstag auf den 6. Juni fällt; auch Klaus Heinrich, der Prinz aus der Märchenkomödie »Königliche Hoheit«, wird mit allerlei kunstvollen Umschreibungen als Kind des Zwillingszeichens ausgewiesen. Es sind kleine autobiographische Winke. Das Zeichen untersteht Merkur, dem Götterboten, wie auch Joseph weiß. Der Witz nämlich, den der Vater an ihm bewundert, »hat die Natur des Sendboten hin und her«. Und so, fährt der kluge Joseph fort, »hat es mich Eliezer gelehrt, dein weiser Knecht, als er mir anzeigte die Wissenschaft der Sterne und ihrer Begegnungen und ihrer Macht über die Stunde, je wie sie sich*

anschauen. Und als er mir stellte den Stundenzeiger meiner Geburt zu Charran in Mesopotamien im Tammuz-Monat um Mittag, da Schamasch« – das ist in Babylon, dem Ursprungsland des Sternglaubens, die Sonne – »im Scheitel stand und im Zeichen der Zwillinge und im Osten heraufkam das Zeichen der Jungfrau. Er wies hinaufschauend mit dem Finger nach den Sternbildern, von denen das eine sich aus der Höhe gegen Westen neigte, das andere auch jetzt im östlichen Aufsteigen begriffen war.« Was der junge Joseph schildert, ist, man weiß es längst, nichts anderes als das Geburtsbild von Thomas Mann selbst. »Um sieben Uhr in die Stadt gegangen«, notierte der Schriftsteller am 5. März 1920 und fuhr fort: »Im Luitpold Rendezvous mit O. Schmitz und mit ihm zu Abend gegessen. Zuerst Astrologisches, mein u. Heinrichs Horoskop. Dann Philosophie, Lebensweisheit, Medizinisches, Physiologisches, Psychoanalytisches.«

Oskar A. H. Schmitz, von dem hier die Rede ist, war der Verfasser des einschlägigen Werkes über den Geist der Astrologie, Schwager des geisterseherischen Alfred Kubin. Hermes-Merkur ist der babylonische Nabu, der ägyptische Thot, »der Tafelschreiber«, wie Joseph meldet: »Das ist ein leichter, beweglicher Gott, als welcher zwischen den Dingen zum Guten redet und fördert den Austausch. Und auch die Sonne stand also in einem Zeichen Nabu's, der war der Herr der Stunde und hatte auch eine Zusammenkunft mit dem Mond, ihm wohltätig nach der Erfahrung der Priester und Deuter, denn seine Gewitztheit empfängt Milde durch eine solche und sein Herz Weichheit.« Wahrscheinlich hat Thomas Mann Franz Bolls Buch über Sternglaube und Sterndeutung gelesen, in dem die Sternennamen Babylons, des Ursprungslandes der Himmelsbeobachtung, verzeichnet sind. Ein kunstgerecht ausgelegtes Horoskop, in urzeitlicher Sprache! Nur dass die Sonne im »Scheitel« gestanden habe, im Zenith, war Thomas Manns eigene, lässliche Hinzufügung – es sollte aussehen, als stehe nicht nur der Schriftsteller, sondern sogar sein Gestirn in *der Nachfolge Goethes, bei dem, mit dem Glockenschlag zwölf, die Sonne »kulminierte«. Dank der Forschungen des Thomas-Mann-Archivs weiß man von der Identifizierung des Romanciers mit dem Boten der Olympier. Schon ein »Götterspiel« aus den Kindertagen liest sich fast wie ein getanztes Horoskop: »Ich hüpfte als Hermes mit papiernen Flügelschuhen durch die Zimmer, ich balancierte als Helios eine glanzgoldene Strahlenkrone auf dem ambrosischen Haupt, ich schleifte als Achilleus meine Schwester, die wohl oder übel den Hektor darstellte, unerbittlich dreimal um die Mauern von Ilion. Aber als Zeus stand ich auf einem kleinen, rot lackierten Tisch, der mir als Götterburg diente, und vergebens türmten die Titanen den Pelion auf den Ossa, so gräßlich blitzte ich mit einer roten Pferdeleine, die obendrein mit Glöckchen verziert war.«*

»Im Horoskop des Zwillingsmenschen«, sagte Juliana, »darf man erwarten, dass er die gewagtesten Verbindungen herzustellen weiß. Er findet sie nicht vor, er entwirft sie frei, als Fiktionen. Überall dort, wo es darum geht, Kontakte und Kommunikation anzuknüpfen, wirst du ihn finden, bei Boten- und Mittlerdiensten, im Zweifelsfall auch als Briefträger. Was ihn beschäftigt, ist die Harmonie des Extremen. Dafür wird eine besondere Elastizität des Verstandes erfordert. Weil er den Fiktionen, die er erfindet, eine faszinierende ästhetische Form geben will, findest du ihn auch im Umkreis der Literatur. ›Erfinden‹ kann eine schöpferische Leistung bedeuten, aber auch die Lüge, und Merkur, der Herr des Zeichens, verstand sich auf beides. Neugier zeichnet ihn aus. Vorausgesetzt ist dabei ein Markt, auf dem das Geistige in der Form des ›Interessanten‹, Pikanten, Geistreichen, Reizvollen und vielleicht manchmal nur Oberflächlichen konkurriert, in dem die jeweils *neue* Idee attraktiv ist. Ja, man kann sagen, der Zwillingsmensch steht in dem Prozess, in dem die neuen Ideen und Nachrichten erzeugt und verbreitet werden, in dem eine *Bewe-*

gung des geistigen Wandels stattfindet. Große Fragen wird er urban behandeln. Die Zwillinge sind das erste Luftzeichen, und eine Durchlüftung der Welt findet hier wirklich statt, sie ist es, die als Aufgabe empfunden wird. Kritisch ließe sich sagen, dass es windig zugeht, im Doppelsinn, du findest den Windbeutel ebenso wie den, der frische Luft bringt.«

♋

»Und nun wieder weiter mit der bestimmten Negation!« Theodora wurde ungeduldig. »Der vierte muss wohl gegen diese völlig transparente Rationalität das ebenso absolute Geheimnis setzen. Es handelt sich um ein weiches, leicht verletzliches Material, das nicht festen Umriss hat, sondern sich in Launen und Stimmungen darstellt. Die Gefühle werden entscheidend.«

»Du musst nur die Laufrichtung ändern.« Bisher ging es vorwärts und nach oben, die Tage wurden länger und die Schatten kürzer. Jetzt, nach der Sommersonnenwende, mit der das Zeichen Krebs einsetzt, geht das Licht zurück, die Tage werden wieder kürzer. Einer, der unter diesem Sternbild zur Welt kam, hat sein Buch Der lange Schatten *genannt. Und tatsächlich ist dies ja der prägnante jahreszeitliche Begriff des Zeichens, dass die Schatten länger werden. In der Musik bedeutet ein »Krebs«, dass eine Passage rückwärtsgespielt wird, das leitet sich von der Gangart der Krebse her, die rückwärtslaufen können. Ein »Krebsgang« bedeutet, etwas geht zurück. Wohin? In die Tiefe, in eine Heimat vor dem Wachbewusstsein, und kein Krebs-Mensch, der nicht ein Geheimnis um sich webte. Wo für den Zwilling die transparenteste Rationalität gewiss war, da zeigen sich nun Träume, Mythen und Symbo-*

le, Vergangenheiten und Erinnerungen. Das Interesse geht ins Unauslotbare. Aber mit dem Rückweg, mit dieser Kehre, beginnen eigene Probleme. Kann auch ein Käfer rückwärtsgehen? »Nun hatte aber Gregor noch gar keine Übung im Rückwärtsgehen«, schreibt Franz Kafka, geboren am 3. Juli 1883, in der Verwandlung. *Wenn sich das Kerbtier Gregor Samsa, bisher ein Handelsvertreter, nur umdrehen dürfte! Indes, die überlegene Gewalt des Vaters mahnt zur Eile. »Endlich … blieb Gregor doch nichts anderes übrig, denn er merkte mit Entsetzen, dass er im Rückwärtsgehen nicht einmal die Richtung einzuhalten verstand.« Aber auch ein Käfer ist lernfähig. Langsam sich in sein Schicksal findend, eignet sich Samsa diese merkwürdige Gangart an, und so, lesen wir ein paar Seiten später, »eilte Gregor erschrocken im Rückwärtslauf bis an das andere Ende des Kanapees«. Keiner von Kafkas Helden kommt vorwärts an sein Ziel. Ihr Schicksal entscheidet sich auf Rückwegen. Karl Rossmann, der Protagonist des Romans* Amerika, *will ins Haus seines Onkels zurück, allein auch dieser Weg ist ihm verwehrt; der Landarzt, der nach Hause will, kommt auf dem an sich kurzen Weg nie mehr an. In der* Kleinen Fabel *berichtet Kafka von einer Maus, die immer weiter gelaufen ist, bis sie vor der Falle steht, die ihr nun droht, wenn sie weitergeht. »›Du musst nur die Laufrichtung ändern‹, sagte die Katze und fraß sie.« Das ist der Krebsgang, von Kafka aus gesehen.*

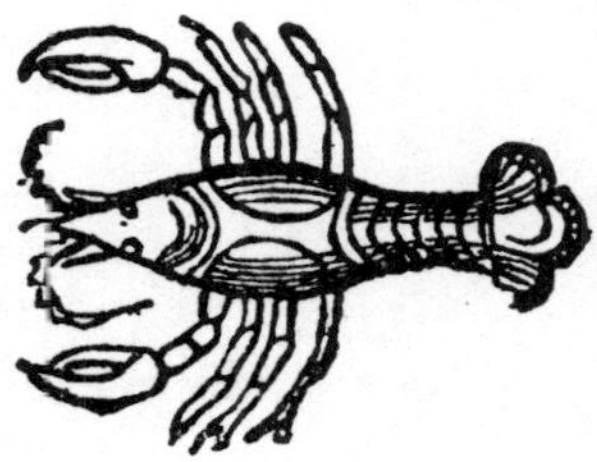

Im Horoskop, so Astrid, »bedeutet der Krebs, dass man einen Kontakt zur Tiefe der Welt findet und aus dieser Tiefe spricht, eben nicht aus den wechselnden Reizen des Tages, sondern aus den Ursprüngen, aus dem Versunkenen und Vorgeschichtlichen. Was den Krebs auszeichnet, was seine Leistung ausmacht, ist, einfach gesagt, der Gefühlsreichtum, anders formuliert: die Selbstentdeckung in einem Tiefenraum. Aber er fühlt sich auch schutzlos und empfindlich, ist leicht verletzt. Stichworte mögen sein Erinnerung und Innerlichkeit. Das Subjekt selbst ist ja dieses Geheimnis, das nun einen ersten Blick aufschlägt. Es sucht sich und findet sich – als Rätsel. Der Krebs-Mensch lebt in der Erwartung und Bereitschaft, das Kostbare aufzunehmen, zu empfangen. Hier werden die *großen* Träume formuliert.«

♌

»Der fünfte nun«, begann ich, »stellt diese innere Subjektivität, die Geheimnis war, ins Leben. Hier ist nichts mehr von Rückzug, er produziert, er zeugt, indem er sich ganz verausgabt, aus innerer Fülle, die in die Sichtbarkeit tritt. Kosten spielen dabei keine Rolle, es wäre niedrig, an sie zu denken. Wo der Vorgänger verletzlich war, hat er ein überschäumendes Selbstgefühl. Er wird nicht zu Unrecht der Löwe genannt.«

Löwe, Leo, Lion. Und wie viele Namen hat das königlich-prächtige Tier noch? Es ist der Sonne zugeordnet, das mag sich von der gelben Farbe herschreiben und von der Mähne, die an Sonnenstrahlen erinnert, folglich herrscht in diesem Zeichen meistens die größte Hitze. Was noch eben, im Zeichen Krebs, ein bloß innerer Reichtum war, tritt nun als Pracht nach außen, ins Sichtbare. Und wo der Krebs sensibel-verletzlich war, da zeigt der Löwe ein überschäumendes Selbstgefühl – er selbst ist ja diese Pracht, die er nach außen projiziert, und will als solche gewürdigt werden. Verausgabe dich wie die Sonne ohne kleinliche Berechnung, handle so, dass die Welt üppig und herrlich wird – das sind die

Hauptmaximen des Löwen. In dieser großartigen Entfaltung liegt etwas Königliches. Also greifen wir diesmal am besten zu Martin Mosebach, geboren am 31. Juli 1951. Der Schriftsteller hielt bei der Verleihung des Büchner-Preises im vergangenen Jahr der kulturellen Welt der Bundesrepublik das Wort »Es lebe der König!« entgegen. Lucile, die es in Büchners Drama Dantons Tod spricht, meinte, so Mosebach, »nicht nur den sechzehnten Ludwig, sondern den König schlechthin, denn das war der Tote«. Einen König schlechthin schildert auch Mosebachs Roman Das Beben. Das Territorium von »his highness« im indischen Rajasthan ist klein, aber der Monarch hat die ganze Majestät in republikanischer Zeit bewahrt. Seinen Namen, Yatindra Singh, erfahren wir erst spät. Vorher hören wir von seinem Großvater Maharao Saroop Singh, von seinen Brüdern und Verwandten, von Laxman Singh, von Raj Vir Singh und Gopal S. Singh. Auch von der »Königssonne«. Aber wo in diesem exemplarischen Kleinkönigtum, unter all diesen Elefanten, heiligen Kühen, Tigern, Pfauen und Kamelen ist nun am Ende der Löwe? Wie in den Suchbildern der Kinderzeit ist das beste Versteck jenes, das ganz an der Oberfläche liegt oder so offensichtlich präsentiert wird, dass man das Gesuchte erst recht übersieht. Der Name Singh bedeutet nichts anderes als Löwe, es handelt sich um einen Ehren- und Programmnamen, aus Sanskrit »simha«. Auch unser Tierkreiszeichen heißt dort »Singh«. So nennen sich die männlichen Sikhs; aber die hinduistischen Rajputen, zu denen der König gehört, haben das ältere Recht auf den Namen. Nicht einem einzelnen Löwen begegnen wir in dem Roman von Martin Mosebach, sondern einem ganzen Löwen-Reich, das der Erzähler verherrlicht hat.

»Steht die Sonne in ihrem eigenen Zeichen des Löwen«, so Juliana, »dann beobachtet man das Erstarken der Person. Du findest einen, der an seine Macht und Kraft und Fülle glaubt. Er erfährt sich selbst als schöpferische Potenz. Mittelpunkt jedes Kreises wird er auf ganz natürlichem Weg. Das Prunkende, die Drapierung mit Herrschaftszeichen, gehören zu seinem Wesen. Sich ein Bild, einen Ausdruck geben, eine Erscheinung, in der die Kraft sich manifestiert, ist hier das Ziel, das in verschwenderischen Glanz mündet, in die üppigste Lebensgestalt, pulsierend und warm.«

♍

»Es fügt sich ja immer mehr!« Theodoras Eifer nahm erkennbar zu. »Eben wurde verschwendet, nun muss nachgerechnet werden. Der König braucht eine Rechnungskammer. Er verlangt logisch nach dem sechsten, der nun genau das geltend macht, was der fünfte verdrängte: Das penible Analysieren der Dinge, die Kritik, die Sorge um den Körper, der sich eben nicht unbeschränkt verausgaben kann. Wo der fünfte aus der Fülle produzierte, muss nun einer die Feinarbeit auf sich nehmen. Das Genaue in Wort, Begriff und Zahl ist seine Sache. Die Individualität wird bewusst. Dies ist eine Welt von höchster Empfindlichkeit gegenüber jeder willkürlichen Berührung – deshalb der Name Jungfrau.«

»Mary ist aber unberührt in die Ehe mit ihrem Oskar getreten.« Und das, obwohl der Leutnant Melzer sie damals hätte haben können, wäre nicht sein unbegreifliches Zögern gewesen! Wer die Strudlhofstiege *liest, den bekanntesten Roman Heimito von Doderers, geboren am 5. September 1896, hat viele Möglichkeiten, sich durch das kaum übersehbare Figu-*

ren-Gestrüpp dieses dicken, großartigen und übrigens auch hochamüsanten Buches eine Schneise zu schlagen. Und jeder Leser muss es selbst tun, denn auf den ersten Blick gibt es keine Handlung, die sich einfach nacherzählen ließe. Folgen wir also der nächsten besten Spur. Von der jungen Pastré reden die Männer: »Was die Editha angeht, so liegt die noch sozusagen unter Glas oder wie in Glas eingegossen. Zerbrich es – und das größte Luder steigt aus den Scherben einer nur physischen Unschuld.« Das Glas bricht, als sie mit dem Gymnasiasten René Stangeler zusammenkommt: »Sie schrie nur einmal unterdrückt und kurz auf im Schmerz, dann umklammerte sie René ganz fest, und nicht nur mit den Armen.« Die Vergnügungen von Renés Schwester Etelka sind derweil »völlig harmlos und unschuldig«. Grete Siebenschein dagegen ist schon nach einigen Dutzend Seiten keine Unberührte mehr. Renés zarte Liebe zu Paula Schachl, einem Mädchen aus einfacher Familie, führt nicht zum erwarteten Ergebnis: »Die Welten blieben getrennt und schematisch jedenfalls verkehrt: Das Mädchen aus dem Volke wurde nicht verführt, und die junge Dame verlor ihre Unschuld, soweit von einer solchen die Rede sein kann.« Unablässig erzählt die »Strudlhofstiege« vom Ende der Jungfernschaft. Auch jahreszeitlich steht das Geschehen im Zeichen der Jungfrau, eines beglückend sich dehnenden, über Hunderte von Seiten geschilderten, fast in die Ewigkeit hinüberragenden Wiener Spätsommers; Ende August, Anfang September 1925: Doderer hat den Roman sozusagen um den eigenen Geburtstag herumgeschrieben. Selbst der titelgebende Ort hat eine Beziehung zur Jungfrau. René bemerkt dort an einem Haus das Bildwerk eines Einhorns. Als er kurz später Paula zum ersten Mal begegnet und sie in eine Konditorei einlädt, erklärt er ihr das Fabeltier. Wild

und böse sei es gewesen, aber man konnte es fangen: »Man musste eine Jungfrau dazu haben, aber eine wirkliche.« Jungfrau sein, das bedeutet: Die Natur wird zum Inhalt des Bewusstseins. Nicht mehr die Fülle des Löwen, sondern die unterscheidende, geduldige, methodische Analyse noch der kleinsten Einzelheit ist das Thema: Ohne Lücke muss Phänomen an Phänomen geschlossen werden. »Begabungen innerlich zu organisieren« – dies sei, notierte Doderer einmal im Tagebuch, und wir können es als gültiges Wort zur Sache nehmen, »etwa das, was die Astrologen ›die Jungfrau‹ nennen.«

»Lasst mich noch von einem Philosophen reden, der uns das Bild vervollständigen kann«, sagte Theodora, »ich denke an Michel Serres.«

»Mit dem Mittelfinger berühre ich meine Lippe«– so lautet die Urszene der Selbsterkenntnis bei Michel Serres: Der Tastsinn wird bei diesem Denker in einer Weise aufgewertet, die man bisher nicht kannte. Nicht mehr Gesicht und Gehör, traditionelle Leitsinne der Philosophie, geben das Modell der Erkenntnis ab, sondern die Sensationen der Haut. In seinem Werk Die fünf Sinne *hat Serres, der einmal Marineoffizier war, den Schiffsbrand geschildert, dem er durch ein Bullauge knapp entkam. Seitdem hat er nicht aufgehört, vom Körper her zu denken. »Die unberührte Seele verzaubert den Tastsinn.« Ein Gedankenexperiment: Man stelle sich eine Philosophie vor, die in der möglichst weitgefächerten Auslegung des Wortes »Jungfrau« bestehen würde. Beginnen könnte man mit der dramatischen Bedeutungssteigerung, die alle Berührungen in diesem Kontext annehmen müssen. Jungfrau ist die Unberührte, auf Berührung Wartende. Als das Buch über die fünf Sinne 1993 auf deutsch erschien, waren Tätowierungen und Hautdurchstiche, die bestimmte Zonen der Empfindlichkeit sichtbar auszeichneten, zum neuen Modell der Selbstdarstellung geworden, und die Pathologien des Ich begannen sich*

vermehrt in der Neurodermitis oder der Schuppenflechte anzuzeigen, Störungen von Berührungsverhältnissen: Serres hatte einen Nerv der Zeit getroffen. Oder man könnte an das Sternbild der Erntezeit denken, an die Jungfrau: Als Sitzende wird sie vorgestellt, die ein Bündel Ähren in der Hand hält. Ein wenig ähnelt sie der Ceres, der griechischen Göttin der Feldfrüchte. Michel Serres ist das Kind von Bauern aus dem Midi. Immer wieder hat er an das bäuerliche, halb noch heidnisch-antike Frankreich erinnert und es in den Äther des eigenen, persönlichsten Anfangs getaucht: »Der Weinberg badete im ersten Septemberlicht, der strahlende August war zu Ende.« Das ist sein Geburtsbild, wörtlich; am 1. September 1930 wurde Serres geboren.

♎

»Das äußere Wachstum ist mit der Jungfrau abgeschlossen«, führte Joachim aus. »Gegen diese Welt des bloß Nützlichen, Analytischen und der Arbeit erhebt sich das befreite Spiel. Man findet hier die Höflichkeit, die Umgangsformen, die Eleganz, die sich als Spiel offen einbekennen. Der Mensch wird anziehend. Das Harmonische zeigt sich im Bild des Gleichgewichts der Waage.«

»Oktobermensch« – so steht es einmal in Nietzsches Nachlass, ohne weiteren Kommentar, ohne einen Zusammenhang, der sich sofort erschließen würde. Da die Aufzeichnung aus dem Sommer 1879 stammt, kann nicht das aktuelle Wetter gemeint sein. Was ist das, ein Oktobermensch? Jedenfalls einer, der sich mit dieser Jahreszeit identifiziert, der sein Wesen in einem bestimmten Himmel, einem eigentümlichen Licht, einem Sonnenstand erkennt: Nietzsche, geboren am 15. Oktober 1844. Es ist Herbst geworden seit der Tagundnachtglei-

*che, der das Zeichen Waage einen sinnvollen Namen gibt. Für einen Moment standen die Schalen des Lichts und der Nacht im Gleichgewicht. Die Ernte ist eingebracht und der Naturprozess mit dem Zeichen Jungfrau an sein Ende gekommen. Weitergehen kann es nur mit einem Gegenentwurf zum bloß Gewachsenen: einem künstlichen, künstlerischen. Das Spiel tritt in die Welt, das nichts will als Anmut und schöne Bildung, denn auch die Glieder folgen diesem Impuls. Der Lebenskampf tritt hinter dem ästhetischen Urteil zurück. Geschmack, sagt Nietzsche, »das ist Gewicht zugleich und Wagschale und Wägender; und wehe allem Lebendigen, das ohne Gewicht und Wagschale und Wägende leben wollte!«. Aber mehr noch als das Bild der Waage wurde für Nietzsche der Oktober zum Inbegriff des Ästhetischen, und deshalb konnte er sich als einen Oktobermenschen deuten. »Ich sage noch ein Wort für die ausgesuchtesten Ohren: was ich eigentlich von der Musik will. Dass sie heiter und tief ist wie ein Nachmittag im Oktober. Dass sie eigen, ausgelassen, zärtlich, ein kleines süßes Weib von Niedertracht und Anmut ist …« (*Ecce homo*). Wir sind in die Zeit Zarathustras eingetreten: »Herbst ist es umher und reiner Himmel und Nachmittag.« Der Herbst verbindet sich merkwürdigerweise nicht mit einer Bildwelt von Niedergang und Dekadenz, wie sie Nietzsche naheliegen könnte. Im Gegenteil, er ist die Zeit der höchsten künstlerischen Vollendung. So sagt es die letzte Aufzeichnung Nietzsches vor dem Zusammenbruch. An Goethe wird der Gipfel der Kunst erläutert: »Eine verklärt-reine Herbstlichkeit im Genießen und im Reifwerdenlassen, – im Warten, eine Oktober-Sonne bis ins Geistige hinauf; etwas Goldenes und Versüßendes, etwas Mildes, nicht Marmor – das nenne ich Goethisch.« Hat Nietzsche nicht von jeher das Denken dem Sonnenstand verglichen – in der »Morgenröte«, im »großen*

Mittag« Zarathustras? »Oktober« war sein letztes Wort vor den Briefen des Wahnsinns, Oktober war er selbst und die Kunst überhaupt. Geht es um die Saison seiner Geburt, wird der reflektierteste Geist wieder ganz naiv.

♏

»Bei diesem Harmonischen kann es nicht bleiben«, warf ich ein, »und jeder weiß es. Der Schein des Ausgleichs und der Sicherheit der ästhetischen Konventionen muss zerstört werden, wenn man zum Anderen eine authentischere Beziehung herstellen will. Es ist ein Blick, der auch den Tod ständig ins Auge fasst.«

»Wenn er nur lieber unterlassen würde, mich zu stechen ...« Er, das ist der Zögling Beineberg, der mit Törleß ein Konvikt im Osten des Reichs besucht, ein Internat für Sprösslinge der besten Familien. Der mit Nadeln Gestochene, Gequälte ist der Klassenkamerad Basini, in dem die anderen einen Dieb erkannt haben. Nun misshandeln und missbrauchen sie ihn. Robert Musil, geboren am 6. November 1880, veröffentlichte seine Erzählung Die Verwirrungen des Zöglings Törleß *1906. Die Eleven des Instituts sind jung, gerade erst erwachen ihre Leidenschaften. Ihre Eltern haben sie dorthin geschickt, um sie vor den »verderblichen Einflüssen der Großstadt zu bewahren«, aber*

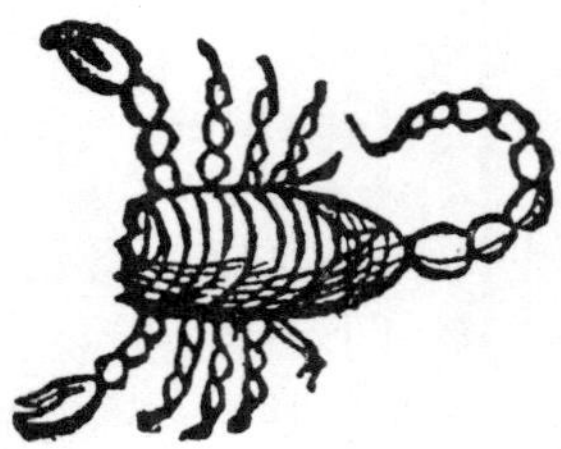

was sie dort an Verderblichem erfinden, übersteigt alles, was ängstliche Eltern sich ausmalen können, es übersteigt auch die Einsicht der Jungen selbst. Daher die Verwirrung. Sie wollen noch die letzten Trennungen überwinden. Drei Wege gibt es dazu: die Sexualität, die Grausamkeit und im Falle von Törleß und Beineberg: die Metaphysik, den Blick nach drüben. Alle drei Wege entdecken sie im gleichen Moment. Alle drei beenden die Sicherheit der Form, des Ästhetischen, die im Zeichen der Waage noch galt. Wollust, fast erschreckend in der ersten Äußerung, verbindet sich mit dem Willen zu verletzen. Der Skorpion sieht, was sich in den Verhältnissen an Unheimlichem und Krisenhaftem angesammelt hat, er blickt auf den anderen, als hätte dieser keine Haut. So sieht Törleß den Rücken Basinis, »mit den Augen ihn festhaltend, sich in ihn hineinbohrend«. Die Unruhe des Skorpions ist nicht intellektueller Zweifel, sondern eine tiefere, wie sie von der Todesdrohung des giftigen Wappentieres ausgeht. Intensität der Nähe ist es, was sie suchen; in den Worten von Törleß: »Eine auf die Schärfe eines Nadelstichs konzentrierte Inkubation.« Der erwachsen Gewordene denkt nachsichtig über die Erniedrigung, die er im Konvikt verübte und dabei zugleich erfuhr. »Sie verging. Aber etwas von ihr blieb für immer zurück: jene kleine Menge Giftes, die nötig ist, um der Seele die allzu sichere und beruhigte Gesundheit zu nehmen und ihr dafür eine feinere, zugeschärfte, verstehende zu geben.« Törleß – seit ich Musils Erzählung gelesen habe, scheint es mir, als mündete der Klang des Namens selbst, im angeschärften »ß«, in einen verletzenden Dorn, aus dem das Gift träufelt.

»Beim Skorpion wird's riskant.« Joachim zeigte eine ernstere Miene. »Draußen verwelken die letzten Blätter, der schöne Schein hat sich verabschiedet, nun ahnt man, was dahinter verborgen war, ein Geheimnis, vielleicht ein Tabu. Der Krebs entdeckte die eigene Seele, der Skorpion hat ein unheimliches Gespür für die des anderen, deren Geheimnisse er manchmal zerstörerisch ans Licht zerren kann. Der Mensch, in dessen Horoskop der Skorpion akzentuiert ist, schaut also ins Jenseits. Hier ist der Moment der unbedingten Gefahr, der Krisis gekommen. Die Atmosphäre wird quälend. Man findet die geborenen Verführer, die solche Erregungen in einem hysterisch aufgewühlten Volk produzieren können. Der Skorpion ist ein Marszeichen, wie der Widder steht er unter dem Kriegsgott. Wir haben schon beim Widder einer Waffe gedacht, des römischen Rammbocks, den man *aries* nannte. Auch der Skorpion war eine Waffe der Römer, eine Wurfmaschine.«

♐

»Wenn nun alle immanente Sicherheit zerstört ist«, fuhr Astrid fort, »bleibt nur eine Antwort, die aus der Transzendenz kommt. Religion, Philosophie, Ideen stiften Begeisterung und eine Gemeinde, in der nun tatsächlich die Kontinuität ihrer Mitglieder hergestellt ist. Die hohe Intuition, das Heilige und Edle bilden seine Welt, sie sind das, was sich als Sinn gegen die Krisen der Immanenz behaupten kann. Der Mensch dieser Spannung ist der Schütze.«

»Der Bogenschütze erreicht den Zustand der erfüllten Leere, wenn mit dem Pfeil sein kleines Ich davonfliegt. So geht es mit meinem Blick, der auf dich fällt: mein kleines Ich verschwindet und mit ihm aller Ehrgeiz und alle Eifersucht.« Sollen wir Christoph Groth glauben, einer Figur in dem Stück Das Gleichgewicht *von Botho Strauß? Jedenfalls das Pathos ist echt, mit dem die Kunst des Bogenschießens hier gefeiert wird, auch wenn der problematische Groth statt der Schießscheibe einmal die Geliebte trifft. Mögen drum herum im Berlin des Jahres 1992, in dem das Stück spielt, die Läden pleitegehen und Satanistenrocker an*

ihrer Karriere feilen: Mit dem Schützen, mit Pfeil und Bogen, bricht nach der Zen-Lehre, der sich Groth verschrieben hat, ein Höheres in die profane Welt ein. »Seit dem Unfall schieße ich mit niegekannter Leichtigkeit, fast makellos.«

Botho Strauß, geboren am 2. Dezember 1944, hat nicht in diesem Stück allein Pfeil und Bogen als Instrumente des Schicksals eingesetzt – man hat ihm dieses Motiv sogar als Zeichen seiner Inhumanität vorgehalten. Ithaka, *ein Schauspiel über die Heimkehr des Odysseus, handelt auch von der Bogenprobe – kein anderer als der Held, der rechtmäßige Besitzer der Waffe, kann ihn spannen – und feiert den Moment des Schusses in gehobener Sprache. Die verstummenden Freier sehen, »wie Odysseus von seinem Tisch einen Pfeil nimmt, ihn auflegt und im Sitzen ohne Zögern durch sämtliche Äxte schießt. Der Pfeil leuchtet hell auf: Er fliegt schnurgerade und erzlangsam durch die Ösen der Äxte.« Auratischer ist uns das Zeichen des Schützen wohl nie begegnet. Man muss auf die Geste schauen, um den Schützen zu verstehen:*

Er schafft durch sein bloßes Auftreten einen Raum der Ferne um sich, visionär, fast prophetisch über das Naheliegende hinaus ist sein Blick gerichtet. Nach der Todeskrisis des Skorpions, die alle Sicherheit zerstörte, bleibt nur eine Antwort, die aus einer anderen Ebene kommt. Draußen ist das Leben ja schon abgestorben. Tatsächlich kann man von einer besonderen Wesensspannung dieser Menschen sprechen, die im Zeichen des Schützen ihr angemessenes Bild findet. Die Ziele liegen nicht mehr in den Konjunkturen des Allernächsten und Profansten, sie sind auch nicht verhandelbar. Weh über alle Mittelmäßigen und Zeitgeistfreaks, auf die das Wort des Freiers Antinoos gegen seinen Gefährten Leiodes passt: »Dich hat leider deine liebe Mama nicht dazu geboren, ein tüchtiger Schütze zu werden.«

»Vielleicht sollten wir einfach sagen: Schütze sein, das heißt: es gibt Ziele, es gibt ein ›Wohin‹«, schloss Joachim. »Unser

Wort ›Sinn‹ heißt ja beides: zunächst *Richtung* und dann *Bedeutung*. Und wo diese auf dem Spiel stehen, wirst du den Schützen tätig finden. Aber eines hast du uns noch nicht verraten – der Schütze ist ja nicht nur mit Pfeil und Bogen bewehrt, er hat auch einen Leib, und der ist kentaurisch: Der Schütze ist ein Pferdmensch. Wo aber bleibt dieses Motiv?«

»Da hast du recht«, erwiderte Astrid, »das Zeichen muss noch genauer und ausführlicher ausgelegt werden. Einer, bei dem wir am ehesten etwas finden, ist Rainer Maria Rilke, geboren am 4. Dezember 1875 in Prag. Stell dir vor, er hat die Erzählung ›Der Kentaur‹ von Maurice de Guérin übersetzt. Und ganz spät noch dem Kentauren ein französisches Gedicht gewidmet, in der Übertragung von Bernhard Böschenstein:

> Ja, er hat recht, der Kentauer,
> wenn er, von kaum begonnener Welt,
> die seine Kraft zusammenhält,
> durchspringt der Jahreszeiten Dauer.

Rilke verabsolutiert den Kentauren ins Bild einer frühen, unzerspaltenen Welt. Und ist der Anfang des *Cornet* – »Reiten, reiten, reiten durch den Tag, durch die Nacht, durch den Tag. Reiten, reiten, reiten« – nicht schon eine starke Annäherung an die kentaurische Lebensform? Aber Rilke geht noch weiter. In den *Sonetten an Orpheus* fragt er einmal:

> Sieh den Himmel. Heißt kein Sternbild Reiter?
> Denn dies ist uns seltsam eingeprägt:
> dieser Stolz aus Erde. Und ein Zweiter,
> der ihn treibt und hält und den er trägt.
>
> Ist nicht so, gejagt und dann gebändigt,
> diese sehnige Natur des Seins ?
> Weg und Wendung. Doch ein Druck verständigt.
> Neue Weite. Und die zwei sind eins.

Aber sind sie's? Oder meinen beide
nicht den Weg, den sie zusammen tun ?
Namenlos schon trennt sie Tisch und Weide.

Auch die sternische Verbindung trügt.
Doch uns freue eine Weile nun
der Figur zu glauben. Das genügt.

Rilke ist tatsächlich nah an der kentaurischen Figur, wenn er für einen Moment die Verbindung von Mensch und Pferd als wirklich annimmt – *Und die zwei sind eins*. Aber *glauben* will er doch nur *eine Weile*. Immerhin: das Bild seines Tierkreiszeichens ist ihm einmal erschienen, es ist aufgeleuchtet in seinem Bewusstsein, und das *genügt* auch uns.

Im Horoskop liegt der Schütze dem Zeichen der Zwillinge gegenüber. Und das heißt: Nicht der Markt entscheidet über den Rang der Idee, sondern ein geistiger Kampf, die Glaubensspannung. Es ist die Person selbst, die Träger der Idee wird und mit ihrem Charisma für den ideellen Gehalt einsteht. Hier geht es um eine höhere Wahrheit, die im Zweifelsfall das Heil der Person betrifft. Und nicht natürliche Autorität wie beim Löwen, sondern geistige, Lehrautorität ist das Ziel. Gesucht wird solche Wahrheit, die uns in höchstem Sinne angeht. Es kommt dadurch auch eine abenteuerliche Linie in das Leben. Die Spannung, die Glaubenskraft tragen uns ins Weite, in die Ferne.«

♑

»Und jetzt wird es wirklich politisch und rechtlich und historisch«, sagte Joachim. »Die reine ideale Begeisterung der Gemeinde fordert einen Gegenpol, sie bricht sich an der Macht, die den Gehorsam nicht allein dem Glauben überlässt, sondern ihn erzwingen kann und nicht bloß auf ideelle Motive angewiesen ist. Hier herrscht der Wille, sich in Institutionen und Rechtsformen zu behaupten. Alles, was an Zielen denkbar ist, wird instrumentell gegenüber dem einen Ziel der politischen Macht. Der Steinbock ist das Zeichen, das solche Härte und Zähigkeit andeutet. Willy Brandt – er war der Schütze, geboren am 18. Dezember 1913. Helmut Schmidt dagegen, 23. Dezember 1918, gibt uns ein Bild des echten Steinbocks.

Es gibt ein Ethos des Felsigen und ein Pathos des Schroffen. Es gibt Verhaltenslehren der Kälte, wie sie der Germanist Helmut Lethen, geboren am 14. Januar 1939, in einem der schönsten Bücher seiner Disziplin beschrieben hat. Es gibt Steinböcke auch unter den Menschen. Der, um den es heute geht, hat zwei Namen. Erst, als Premierminister eines halbunabhängigen indischen Kleinstaates, heißt er Purun Dass; später, als er alles hinter sich lässt, um in den Bergen als Einsiedler zu leben, wird er »Purun Bhagat« – der Beiname besagt für die Hindus so viel wie »Heiliger« in einer christlichen Kultur: einer, dessen Präsenz den Menschen die Augen öffnet.

Rudyard Kipling, geboren am 30. Dezember 1865 in Bombay, hat im Dschungelbuch *auch die Erzählung dieses Men-*

schen aufgenommen, obwohl sie gerade nicht im Dschungel spielt, im Tiefland, sondern an der Grenze von Wald und ewigem Eis. Der Weg ist ihm vorherbestimmt. Schon seine Mutter war »eine Berg-Frau, immer voll Heimweh nach dem Schnee«, und so macht er sich auf den Weg nach Norden, bis er eines Tages die Züge des Himalaya erkennt und weiß, »dass der kleinste Tropfen Bergblut einen am Ende dorthin zurückzieht, wohin man gehört«. Sein neues Zuhause wird ein kleiner steinerner Tempel in einer Felsenwelt, in der reinsten, kühlsten Luft, in der härtesten Umgebung; dort, wohin ihm kaum einer zu folgen vermag, einige hundert Fuß über der letzten Ansiedlung.

Für den Steinbock genügt die innere Begeisterung des Schützen nicht mehr, ja sie erfordert geradezu die hart konturierte, gesetzliche Wirklichkeit, die dem Innerlichen erst die Bewährungschance, den nötigen Widerstand bietet. Auch das Licht ist nun im langsamen Aufstieg begriffen; seit der Wintersonnenwende werden die Tage wieder länger. Kein Steinbock-Mensch, der nicht wüsste, wie schwer es ist, auch nur eine minimale Wirkung zu erreichen. Und keiner, der dies Geringe im Äußeren nicht höher schätzte als alle im Binnenraum der Seele verbleibenden Reichtümer. Was an Zielen möglich und denkbar ist, tritt zurück gegenüber dem einen Ziel, sich in das Massiv der Realität, des Gesetzes förmlich zu verbeißen. »Das Wunder des Purun Bhagat«, das der Titel von Kiplings Erzählung verheißt, geschieht dann auch wirklich. Lange Regenfälle haben den Berg unterspült, und aus dem Verhalten der Tiere erschließt der Einsiedler, dass dem Dorf im Tal Gefahr droht. Er warnt die Bewohner, die mit ihm im letzten Augenblick die gegenüberliegende Seite des Gebirges erklimmen und sich vor dem Bergrutsch retten. Heiligkeit erweist sich im politischen Eingriff – das ist eine Legende ganz nach dem Geist des Steinbocks.

»Aber auch das ist noch kein Letztes«, meinte Theodora. »Nun bleibt die Behauptung der Freiheit gegen die organisierte Macht; einer Freiheit, die sich unmittelbar und unvermittelt setzt. Herrschen soll der reine und freie Geist, der Systeme konstruiert, auch soziale Systeme, die ihrer Definition nach nicht traditionell sein dürfen, sondern geistig geplant, denn sonst würden sie das Kriterium der absoluten Freiheit nicht erfüllen. Man blickt deshalb auf die Gegenwart nicht von der Geschichte, sondern von der Zukunft her. An die Stelle der Macht tritt ein Überpolitisches, und an die Stelle der Monarchie, deren Bild wir beim gegenüberliegenden Zeichen des Löwen fanden, die Republik.«

Das Bild ist eindeutig, aber nicht einfach zu deuten. Der Wassermann wird in den älteren Darstellungen, etwa vor fünfhundert Jahren in den Bildern jenes Künstlers, der uns nur als der »Hausbuchmeister« bekannt ist, als ein Mann gezeigt, der Wasser aus einem Krug gießt. Etwas muss dieser Geste vorhergegangen sein: eine Bewegung der Hand, die das Gefäß umwendet. Etwas also, das nicht schon im Plan der Natur angelegt ist. Wir sehen kein instinktgesteuertes Tier, keine Pranke des Löwen, keine Hörner des Stiers. Sondern: einen handelnden Menschen. Der Philosoph Arnold Gehlen, geboren am 29. Januar 1904, hat dem Thema ein Buch gewidmet, das als Schlüsselwerk der Anthropologie gilt, es heißt schlicht Der Mensch. *Dem Menschen hat die Natur keine spezifische Aufgabe zugewiesen; er kann nicht anders, als sie sich selbst zu geben – er ist, wie Gehlen sagt, »von Natur ein Kulturwesen«. Er macht sich erst zu*

etwas, und damit einher geht ein höheres Risiko des Scheiterns. Für den Steinbock stand der Gehalt noch außerhalb seiner Verfügung, er war das Feste, Gesetzliche, der versteinerte Widerstand. In der Umwendung, die der Wassermann vollzieht, triumphiert die Freiheit – bis zum Bizarren, denn die Autonomie muss sich stets wieder beweisen und bewähren. Die bisherigen Wertungen werden auf den Kopf gestellt, die Hierarchien umgekehrt. Gehlen hatte den Handlungsraum als ein »Überraschungsfeld unvorhersehbarer Struktur« definiert, auch als »Erfindungsfeld«.

Ein handelndes Wesen bedarf der Fähigkeit der Vorwegnahme, es lebt sozusagen aus der Zukunft. Mit einer rasanten Wendung ins Astrologische behaupten wir also, dass im Wassermann das »nicht festgestellte Wesen« des Menschen überhaupt, von dem Gehlen spricht, zum besonderen, eigenen Thema wird. Kein Mensch, unter diesem Zeichen geboren, der sich nicht jäh und plötzlich äußern würde, mit Gedanken, die dem Konsens ganz fernliegen. Keiner auch, dem nicht besondere Antennen der Antizipation gegeben wären, denen gegenüber das schon Vorliegende zurücktreten muss. Kaum einer schließlich, dem nicht »der Mensch« als solcher mehr gälte als jede seiner nationalen oder begrenzten Formen. »Riskierte Künstlichkeit« lautet eine der vielen Umschreibungen Gehlens für das Wesen des Menschen – nehmen wir sie getrost als eine Charakterformel für den Wassermann. Motorische Phantasmen des Handelnden, die zu Sprachbildern, Metaphern werden, hatten es Gehlen besonders angetan. Als »schönes Beispiel« nennt er das griechische Wort »cheo«, gießen, »aber in sehr bestimmtem Bewegungsphantasma als Fallenlassen (von Schnee), Entziehung der Unterlage durch Umwenden des Gefäßes«.

»Im Horoskop«, ergänzte Astrid, »bedeutet der Wassermann die Fähigkeit zu positiver neuer Verbindung mit anderen menschlichen Kreisen, denen man begegnet, mit Gruppen und

Freunden, und nicht mehr die Liebe bestimmt ihn, sondern ein sublimierter Eros der Freundschaft, der sich in einer Gesellschaft und ihrer Kommunikation bewährt. Verglichen mit dem Löwen, der ihm gegenüber liegt, fällt beim Wassermann die ungewöhnliche Intellektualität auf. Er ist überbeweglich und sprunghaft. Nachdem im Steinbock alles verfestigt wurde, sucht er nach einem neuen, alternativen Anfang, er erscheint oppositionell und auch kühl. Was er vertritt, ist das geistige, nicht das physische Leben. Es gibt für seine Ideen kein organisches Vorbild, alles ist frei entworfen. Auf Mängel antwortet er mit konstruktiven technischen Lösungen, mit ›Prothesen‹ und mit genial erdachten Ideologien. Oft ist er ein Outsider. Sein Geist ist planend. Ich vermute sogar, dass das Zeichen dort, wo es entstand, in den alten Wasserbaugesellschaften des Nahen Ostens, mit ihrer Angewiesenheit auf Kanäle und künstliche Bewässerung, die Planungsautorität versinnbildlichte, aber das ist eine reine Improvisation. Die Griechen sahen im Wassermann den Ganymed, einen hübschen Jüngling, in den sich Jupiter verguckte und ihn, in Adlergestalt, zum Olymp hob, wo er den Göttern beim Mahl einschenkte. Die befruchtende Idee, die von praktischen Zwecken freie Theorie – sie ist sein Werk.«

♓

Juliana blieb es überlassen, die Schlüsse zu ziehen. »Nun die Konsequenz: Da aller institutionelle Halt schon abgebaut ist, wird selbst ein festes Subjekt nicht mehr leicht zu finden sein. Auf das absolut autonome, planende Ich folgt das ebenso absolut Leidende. Die Welt ist übersinnlich geworden, das Ich nur mehr ein Tropfen in einem gestaltlosen Meer, in dem es verschmilzt. Die Geste, die bleibt, ist Mitfühlen und Mitleiden. In diesem kaum mehr gestalthaften Chaos bewegen sich die Fische.«

»Das Wesen der Moderne überhaupt ist Psychologismus, das Erleben und Deuten der Welt gemäß den Reaktionen unseres Inneren und eigentlich als einer Innenwelt, die Auflösung der festen Inhalte in das flüssige Element der Seele, aus der alle Substanz herausgeläutert ist.« Der Soziologe und Kulturphilosoph Georg Simmel, geboren am 1. März 1858, schrieb diese Sätze anlässlich einer Betrachtung über das bildhauerische Werk von Rodin. Bewohner eines seelischen Meeres – das waren die Menschen der Moderne für Simmel. Und zwar buchstäblich: Im anregenden Strom der Metropolen bedarf es, wie es in seinem Essay über die »Großstädte und das Geistesleben« heißt, »kaum noch eigener Schwimmbewegungen«. Das Bild erscheint verunglückt und exzentrisch, aber es trifft die Sache, um die es Simmel ging. Flüssigkeit war ihm die liebste Metapher, die Welt erschien ihm meist flutend, in Auflösung. Im Geld sah er nicht nur das schlechthin Flüssige, sondern er notierte auch seine ältere Kostümierung als Fisch: »Von der Stadt Olbia (...) sind uns alte Bronzemünzen erhalten, welche die Gestalt von Fischen haben, mit Aufschriften, welche wahrscheinlich Thunfisch und Fischkorb bedeuten. Nun wird angenommen, dass jenes Fischervolk ursprünglich den Thunfisch als Tauscheinheit benutzte und es – vielleicht wegen des Verkehrs mit tieferstehenden Nachbarstämmen – bei Einführung der Münze nötig fand, den Wert je eines Thunfisches in einer Münze darzustellen.«

Was für Simmel blieb, waren subtilste Schwingungen, wahrnehmbar nur den Seelenvirtuosen. Das Zeichen der Fische ist das letzte, späteste in unserer Reihe, ein Zeichen der Hingabe, in dem die Grenzen von Ich und Welt sich lösen. Ein Letzter zu sein, das bedeutet, die Verfeinerung des Empfindens maximal zu steigern; nichts Starres mehr kann sich der Bewegung entziehen. In Simmels großer Soziologie *finden wir eine*

Vignette zur Vergesellschaftungsform seines astrologischen Wappentiers: »Auch ist die Vereinigung der Eltern und der Jungen zu einer Familie eine um so engere, je geringer die Zahl der Jungen ist; ich erwähne nur das bezeichnende Beispiel, dass innerhalb der Klasse der Fische diejenigen, deren Nachkommenschaft völlig sich selbst überlassen ist, ihre Eier zu ungezählten Millionen ablegen, während die brütenden und bauenden Fische, bei denen sich also die Anfänge eines familienhaften Zusammenhaltes finden, nur wenige Eier produzieren.« Wenn er soziologisch arbeitete, dann war Simmel erst zufrieden, nachdem er seine Hypothesen wenigsten einmal auf das eigene Tierkreiszeichen projiziert hatte: die Fische.

»Im Horoskop des Fische-Menschen«, so Joachim, »sind seelische Vibrationen und Rhythmen der Haupt-Weltstoff. Und nun strömt auch alles Leid ein, es kann nicht mehr abgewiesen werden. – Wo der Widder, der Anfang, reine Tat war, steht am Ende reines Leiden und Mitleiden. So bleibt hier buchstäblich kein Stein auf dem anderen, die innerliche Verwandlung der ganzen Person wird die Hauptsache.«

»Weiter geht es nicht mehr«, meinte Astrid.

Sofort widersprach Theodora: »Es geht aber weiter. Denn wo die Grenzen von Ich und Welt sich so völlig aufgelöst haben, kann nur ein ganz unvermittelter Widerruf dieser Auflösung folgen, ein Ich also, das sich selbst als den ganzen Gehalt behauptet – und dieses Ich war ja im Widder der Anfang gewesen, sodass die Form des Kreises sich bestätigt hat und inhaltlich als zwingend erweist, es ist ein eigener Magnetismus, der das Ende an den Anfang schließt und die Folge zurückbiegt, selbst wenn wir sie zunächst als gerade Linie aufgefasst hätten. Der Anfang zeigt sich als das Resultat der ganzen von ihm ausgelösten Bewegung. Der Kreis ist also nicht nur als Ordnung schön und gut, er hat sich uns, ganz unter der Hand, im Tierkreis als bannender Ring erwiesen. Und was war sein Gehalt? Nichts anderes als eine aufsteigende Folge der Identifizierungen, in der ein Ich sich mit der Welt auseinandersetzt. Nun kommt alles darauf an, diesen Fortgang nicht moralisch zu nehmen; kein Zeichen kann sich etwas auf seine bloße Position einbilden. Jedes ist gleich weit vom Zentrum entfernt.«

Astrid zeigte uns einen alten Stich: »Die Astrologie hat immer die physiologische Seite der Sache betont. Der Tierkreis ist ein ausgefalteter Mensch, ein Makanthropos, und der Mensch ein Tierkreis im Kleinen, ein Mikrokosmos. Die Aderlass-Männchen findet man in jedem frühneuzeitlichen Kalender. Der praktische Sinn war dabei, an Tagen, an denen der Mond durch ein bestimmtes Zeichen zog, in dieser Körperregion nicht zur Ader zu lassen oder sonstige Eingriffe vorzunehmen. Das geht von oben nach unten: Der Kopf wird durch den Widder bedeutet, der Hals durch den Stier; Arme, Hände und Lunge durch die Zwillinge, Krebs für Brust und Magen, Löwe für Herz und Blut, Jungfrau für den Darm, Waage vor allem für die Nieren, Skorpion für die Geschlechtsorgane, Schütze für Oberschenkel und Hüfte, Steinbock für die Knie, sekundär dann auch für die Ellenbogen und überhaupt für alles Knochenhafte, Wassermann für die Waden, Fische für die Füße.«

»Nun fehlen uns nur noch die Häuser oder Felder, von denen die Astrologen sprechen.« Joachim hatte etwas vorbereitet. »Die Tierkreiszeichen folgen aus der jährlichen Bahn um die Sonne. Es gibt daneben ein weiteres Deutungselement, die

Häuser, die sich aus der Drehung der Erde um sich selbst ergeben. Das Zeichen, das im Osten gerade aufgeht, ist der Aszendent, unter ihm beginnt das erste Haus. Die Häuser sind analog zu den Zeichen zu verstehen, nur geben sie weniger das Bild eines Charakters als das einer gesellschaftlichen Umwelt, in der der Charakter sich vornehmlich äußern wird, und die Richtung, aus der das Schicksal kommen wird. Der alte lateinische Merkspruch lautet: ›*Vita, lucrum, fratres, genitor, nati, valetudo, / uxor, mors, pietas, regnum, benefactaque, carcer*‹. Im ersten Haus also ist das eigne Leben bedeutet, was in ihm plaziert ist, schlägt sehr in die körperliche Erscheinung durch, ebenso das Zeichen des Aszendenten. Im zweiten das wirtschaftliche Handeln und daraus erzielter Gewinn, im dritten die Geschwister, im vierten die Herkunft, auch der Innenraum, das Haus; im fünften die eignen Kinder, modern gesagt: lust-

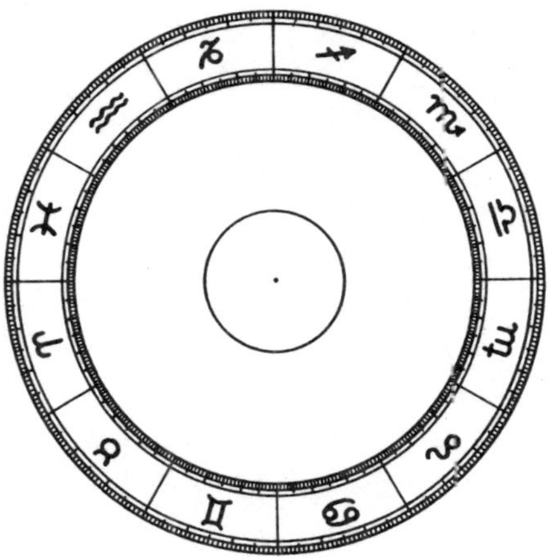

betonte Aktivitäten, im sechsten die Gesundheit, Empfindlichkeiten allgemein, auch Arbeitsverhältnisse. Im siebenten, das der Waage entspricht, der Ehepartner, im achten der Tod (oder jedenfalls ernste Krisen), im neunten die Frömmigkeit, im zehnten, der Himmelmitte, die Herrschaft – wir stehen sozusagen im Zenit –, im elften Freunde und Wohltäter und im zwölften heimliche Feinde, Gefangenschaft, vielleicht auch nur Ausschluss aus der Öffentlichkeit, Geheimnis. Aufhebung von Unmittelbarkeit seht ihr, wenn ihr die Folge auslegt: Wo am Anfang fast nur das eigene Blut sprach, geht es über immer neue Stationen in weitere gesellschaftliche Zusammenhänge, bis auch diese sich wieder auflösen.«

Joachim liest die Bibel

Spät abends, zu Hause, versuchte der stets systematische Joachim noch, die am Tage verfolgten Gedanken auf seine Weise zu Papier zu bringen. Er schrieb:

Zeichne in den Tierkreis ein liegendes Quadrat ein. Seine Eckpunkte fallen genau in die Mitte der Zeichen Stier, Löwe, Skorpion und Wassermann. Und nun wollen wir eine Spekulation riskieren. Man soll Mythos und Offenbarung einander nicht zu sehr annähern – dieser Versuch bezeichnet ja wie nichts anderes den Irrtum der Theosophie. Aber man kann sie auch nicht immer und nicht absolut voneinander lösen. Die Bibel stößt sich vom Mythos ab, das ist richtig. Die visionären Partien der Bibel aber können offenbar gar nicht anders, als ihre Bilder dem Mythos zu entnehmen. Der Prophet Ezechiel, der den nach Babylon Verschleppten von der Herrlichkeit Gottes künden will, sieht den Thronwagen des Herrn, inmitten eines Lichtglanzes von Feuer und Gold. In dessen Mitte erkennt er vier geflügelte Lebewesen, hohe Engel, Cherubim. »Ihre Gesichter aber sahen so aus: ein Menschengesicht und ein Löwengesicht zur Rechten bei allen Vieren, ein Stiergesicht zur Linken bei allen Vieren und ein Adlergesicht bei allen Vieren.« (Ezechiel 1, 10 f.) Und die Offenbarung des Johannes ruft das Bild wieder auf: »Das erste Lebewesen glich einem Löwen, das zweite Lebewesen glich einem Stier, das dritte Lebewesen hatte ein Gesicht wie ein Mensch und das vierte Lebewesen glich einem fliegenden Adler.« (Off. 4,7 ff) Man merkt an der genauen Wiederaufnahme der Bilder, dass hier nichts zufällig aufscheint oder bloß individuell gefasst ist, selbst die Vision stellt sich in den Zusammenhang der Tradition, sie erweist darin ihre Gültigkeit.

Das, was gesehen wird, sind nun die astralen Zeichen, in denen sich die höchste Mächtigkeit darstellt – und wenn die Offenbarung auf den Mythos zurückgriff, dann mussten es diese Bilder sein, solche, in denen im Zweifelsfall auch eine Gefahr lag, eine potentielle Drohung, die Großartigkeit kommt ohne sie nicht aus. Zugespitzt gesagt: Stier, Löwe, Skorpion und Mensch können töten, in ihnen verdichtet sich zugleich vitale Mächtigkeit auf besondere Weise. Nur eine charakteristische Ausnahme sieht man; der Skorpion fällt aus, an seine Stelle ist der Adler getreten. Man hat den Bildertausch damit erklären wollen, dass zu einem bestimmten Zeitpunkt die Sternzeichen des Adlers und des Skorpions »verwechselt« worden seien, aber das ist bei priesterlich-prophetischen Texten, die einer genauen Redaktion unterlagen, ganz unwahrscheinlich. Eher möchte man denken, dass ein Spinnentier wie der Skorpion in sakralen Zusammenhängen als unstatthaft empfunden wurde, von ihm geht nun einmal nichts von jener Majestät aus, die hier gefordert war, und die Bibel kennt ihn nur im Zusammenhang von Strafgerichten. Der Adler aber erfüllte alle Voraussetzungen eines königlichen Machtsymbols. Bei einem jüdischen Autor lesen wir, diese vier Tiere seien die stärksten und mächtigsten ihrer Klassen: Der Stier unter den Haustieren, der Löwe unter allen Tieren, der Adler unter den Vögeln und vor

Da war ein Mann, ganz finsteren Gesichtes, dessen Züge denen eines Löwenadlers glichen. Löwenpranken waren seine Hände, Adlerkrallen seine Klauen. Er packte mich am Schopfe, mich überwältigte er. Ich schlug ihn, doch wie ein Springseil schwang er zurück. Da schlug er mich und tauchte mich unter so wie ein Floß. Wie ein gewaltiger Stier walzte er hinweg über mich.

DAS GILGAMESCH-EPOS,
SIEBENTE TAFEL

allen anderen der Mensch. Von der altpersischen Monarchie heißt es: »Das Licht der Majestät verkörperte sich vor allem im Adler: ein Adler zieht daher den Ahnen des Königsstammes auf, und ein goldener Adler ist das königliche Feldzeichen, wie es Xenophon bei Kunaxa sah. (...) Symbole der Monarchie waren auch die Kaisertiere. Wir haben schon den Adler erwähnt und den Löwen; auch die Cherubim, welche Adler- und Löwengestalt mit dem Stier verbinden, bewachen die Königshallen.« (Karl Fürst Schwarzenberg, Adler und Drache. Der Weltherrschaftsgedanke. *Wien und München 1958, S. 36 f.)*

Der Mythos also legte auf seinem Weg, der ihn bis in die Visionsliteratur der Propheten führte, eine Zwischenstation bei den Herrschaftszeichen der alten Reiche ein, aus der er nicht unverwandelt wieder hervorging. Gottes Majestät, von der Ezechiel und Johannes künden wollten, musste im verbindlichen und weithin verständlichen orientalischen Bilder-Esperanto formuliert werden. So ist die Beziehung von Mythos und Offenbarung zu verstehen. Keineswegs wollte die Offenbarung sich astraler Kräfte versichern, ihr einziges Anliegen ist die Kunde von der Majestät – eines höheren Königs.

DIE HIMMELSKÖRPER

♄

Saturn, der Verstoßene

»Saturn ist doch wohl der unglückliche Gott, nicht?« Theodoras Frage brachte uns zu einem neuen Bereich der Schicksalsdeutung.

»Jedenfalls bedeutet es, wenn man im Englischen von einem Menschen sagt, er sei *saturnine*, soviel wie: Er ist ein Melancholiker, und wenn er Witz hat, dann einen bitteren.«

Astrid hatte aus der graphischen Abteilung der Kunsthalle die Reproduktion eines Planetenkinderbildes mitgebracht. »Die frühe Neuzeit wimmelt von Planetendarstellungen, und der Saturn kommt nie besonders gut weg. Der Künstler, den wir nur als den ›Hausbuchmeister‹ kennen, hat es am drastischsten getroffen, in aller Naivität und dabei doch nicht ohne Kunst und Geist.

Was wir sehen, sind unglückliche Bevölkerungsschichten. Einer sitzt im Schandblock, ein anderer wird sogar zum Galgen geführt. Das trübe Alter zeigt sich in der Frau mit der Krücke. Weiter unten siehst du Abdecker, die Tierkadaver verbrennen und vergraben, wie die Gerber zählten sie zu den unreinen Berufen. Kurz: Eine Pariabevölkerung.«

»Dass es um Unreinheit und Schweres geht«, sagte Theodora, »stimmt mit dem Metall zusammen, das dem Saturn zugeordnet ist, dem Blei. Es ist im Kreis der Planetenmetalle das schwerste. Und es erscheint immer glanzlos-grau; nur wenn du ein bisschen daran kratzt, kommt ein bleicher metallischer

Schein, der aber durch Oxydation nach ein paar Minuten schon wieder verschwunden ist.«

Joachim nahm den Faden auf: »Saturn, den die Griechen Kronos nannten, ist unter den Göttern sozusagen ein Paria. Unter ihm stand das Reich der Titanen, die den olympischen Göttern vorhergegangen waren. Nun ist er der Verbannte, der Alte, den man loswerden will und vielleicht auch muss. Karl Philipp Moritz, Goethes Freund, erzählt in der *Götterlehre* von ihm: ›Saturnus vermählt sich mit seiner Schwester, der Rhea, und mit ihm hebt eine Reihe von neuen Götterzeugungen an, wodurch die alten in der Zukunft verdrängt werden sollen. Die bleibenden Gestalten gewinnen endlich die Oberhand; aber sie müssen vorher noch lange mit der alles zerstörenden Zeit und dem alles verschlingenden Chaos kämpfen. Saturnus ist zugleich ein Bild dieser zerstörenden Zeit. Er, der seinen Erzeuger entmannt hat, verschlingt seine eigenen Kinder, sowie sie geboren werden: denn ihm ist von seiner Mutter, der Erde, geweissagt worden, dass einer seiner Söhne ihn seiner Herrschaft berauben werde.‹ Viele Planetenbilder zeigen ihn tatsächlich als Kinderfresser.«

Doch häufig wird ein böser Saturn (die übergangene, auf Rache sinnende Fee) in seiner Fledermauskutsche dahergefahren kommen, um alles zunichte zu machen, all die kostbaren Geschenke der anderen, indem er eine verhängnisvolle Frist setzt: Die Prinzessin soll mit fünfzehn Jahren sterben.

Cristina Campo, Hirsche im Gehege

Juliana hatte ein altes Buch dabei. »Der große deutsche Renaissanceastrologe Regiomontan sagt von ihm: ›Saturnus ist der erst und oberst Planet / von natur kalt und trucken / bezeychner der arbeit / uß den farben das schwarz / saur am gschmack.‹ In der Stunde des Saturn sei es ›böß mit grossen / besonders geystlichen Herren / handlen‹ – denn die unterstehen dem Jupiter-Zeus, der dem Alten die Macht entwand. Ein Kind, unter Saturn geboren, ›würdt ein treger / schwermütiger mensch / mit eim dünnen bart / bleycher gelber farbe / …

ist hochmütig / fahet vil an / richt nüt recht aus / will über ander leut sein / wirt selten reich (...) / zürnt nit leichtlich / helt lang zorn / (...) ist ungern bei vil leutten / tregt schwarz gern / gra-

wet bald / ist kein frawen mann / redt gern mit im selbst / ist wol beredt / sihet gern undersich.‹ Das Bild zeigt ihn als Greis. Das ist die volkstümliche Ansicht. Ein Misanthrop, streng, unnahbar, mit der Gegenwart im steten Hader. Kennen wir ihn nicht?«

Theodora kam von der Philosophie nicht los. »Der tiefsinnige Schelling nennt ihn den ›materiellen Gott‹, der ›jetzt nur mit

Willen und *Besinnung* im blinden Seyn sich behauptet und eifersüchtig über diesem Seyn hält (...) der die ihm gegebene Innerlichkeit nur benutzt, um sich tiefer zu verschließen, der nur egoistisch mit sich selbst beschäftigt ist, eben darum äußerlich als stumm erscheint, in sich gekehrt (dieß die Hauptsache) und gleichsam brütend über Anschlägen, wie er die Wirkung des dem freien, dem geschiedenen Leben holden Gottes zu nichte mache.‹ Nebenbei sieht er in Saturn einen Nebenbegriff von ›hinterlistigen Gedanken‹, und auch das ›schlechterdings sich Versagende, jeder Überwindung, also auch jeder Bewegung, jedem Fortgang sich Widersetzende‹ in diesem Gott bedeutet.«

Bist Du, Saturn, im letzten Ernst entschlossen
Auch die Gerechten im Gericht zu lassen?
DER ROMANIST WERNER KRAUSS
IN DER GESTAPOHAFT

»Aber«, wandte ich ein, »es gibt eine ganz andere Ansicht. Wie es immer Menschen gibt, die das Vergangene, von dem die Gegenwart sich in langen Kämpfen losgerissen hat, als das Goldene Zeitalter verklären, als die gute alte Zeit, so ist es auch hier. Es hat dem Saturn nie an Gegengeschichten gefehlt, die ihn rehabilitieren wollten. Moritz stellt diese Tendenz dar: ›So verknüpfte man doch wieder mit dieser Vorstellung von dem Ungebildeten, Umherschweifenden und Grenzenlosen, das keinem Zwang unterworfen ist, den Begriff von Freiheit und Gleichheit, der unter der Alleinherrschaft des einzigen, der mit dem Donner bewaffnet war, nicht mehr stattfinden konnte. Man versetzte daher das Goldene Zeitalter unter die Regierung des Saturnus, welcher, nachdem er in dem Götterkriege seiner zerstörenden Macht beraubt war, nach einer alten Sage dem Schicksale der übrigen Titanen, die in den Tartarus geschleudert wurden, entfloh und sich in den mit Bergen umschlossenen Ebenen von Latium verbarg, wohin er das Goldene Zeitalter brachte, indem er in einem Schiffe auf dem Tiberstrome beim Janus anlangte und mit ihm vereint die Menschen mit Weisheit und Güte beherrschte.‹ Ähnlich erinnert Schelling in der *Philosophie der Mythologie* daran, dass ›noch unter Kronos keine Theilung des Eigentums stattfand, weßhalb sie das goldene Zeitalter unter Kronos setzen.‹ Da ist er also ein Bauerngott: ›Kronos (...) war der Gott der weiten Natur‹ im Gegensatz zur Stadt, der im Weiten und Allgemeinen wohnende Gott. Und deshalb siehst du auch auf dem Planetenkind einen Bauern, der im Schweiße seines Angesichts das Feld bestellt.«

Als solchen Engel gab der Neue sich aus ehe er sich nennen wollte. Nur fürchte ich, dass ich ihn ungebührlich lange seiner Hymne entzogen habe. Im übrigen hat er mir das entgolten. Indem er nämlich sich den Umstand zunutze machte, dass ich unterm Saturn zur Welt kam – dem Gestirn der langsamsten Umdrehung, dem Planeten der Umwege und der Verspätungen – schickte er seine weibliche Gestalt der männlichen im Bilde auf dem längsten, verhängnisvollsten Umweg nach, obschon doch beide einmal – nur kannten sie einander nicht, aufs innigste benachbart gewesen waren.

WALTER BENJAMIN, AGESILAUS SANTANTER

»Wenn du aber bei den Modernen nachfragst«, so Juliana, »dann musst du zuerst Walter Benjamin hören, der den Saturn, den ›traurigen Gott‹, wie er ihn nannte, als Schutzgottheit des deutschen Trauerspiels erkannte: ›Denn alle Weisheit des Melancholikers ist der Tiefe hörig; sie ist gewonnen aus der Versenkung ins Leben der kreatürlichen Dinge und von dem Laut der Offenbarung dringt nichts zu ihr. Alles Saturnische weist in die Erdtiefe.‹ Einen ›Bauernunhold‹ nannte ihn der Kunsthistoriker Aby Warburg.«

»Nun ist aber die Bauern-Idealisierung«, merkte Joachim an, »nicht die einzige Gegengeschichte, die man zum Saturn erfunden hat. Die Renaissance entdeckte ihn und die von ihm ausgelöste Melancholie gerade als Ausweis der subtilsten und konzentriertesten Geistigkeit, der einsamen, von der Menge abgewandten Kontemplation. Saturn wird in der frühen Neuzeit von Künstlern und Denkern heroisiert. Marsilio Ficino, einer der großen Köpfe der Renaissance, war der Ansicht, dass Saturn ›selten gewöhnliche Charaktere und Schicksale bezeichnet, sondern Menschen, die von den andern verschieden sind, göttliche oder tierische, glückselige oder vom tiefsten Elend darniedergebeugte‹. Diese Linie reicht weit in die Moderne. Von den ›Blumen des Bösen‹ sagt Baudelaire in dem Gedicht ›Epigraphe pour un livre condamné‹, sie seien ein ›livre saturnien / Orgiaque et mélancholique‹ (aber Carlo Schmid übersetzte unastrologisch: ›Dies Buch singt dunkle Mächte, / Das Taumelfest und drückt dich nieder‹). Noch der frühe Adorno spricht in seiner Habilitationsschrift über Kierkegaard unbefangen von der ›saturnischen Abkunft der Melancholie‹. Und wenn Georg Trakl in einem Gedicht einmal sagt ›Am Abend über meinem Haupt / Saturn lenkt stumm ein elendes Geschick‹, dann ist damit das künstlerische Selbstbewusstsein eben doch wieder mit der älteren Anschauung vom Gott der Parias und Deklassierten zusammengekommen. Es gibt einen Melancholie- und Saturnstolz der Modernen, eine Selbststilisierung unter dem Planeten der Marginalisierten und Erniedrigten. Da treffen sich die Künstler, die Dichter und die Intellektuellen. Saturn, das ist nicht nur eine Gegengeschichte, sondern geradezu ein Gegengott.«

»Im Horoskop«, meinte Astrid, »soll man den Saturn aber doch nicht nur als das Negative betrachten. Er ist es doch, der allen Unternehmungen erst die verbindliche Architektur, Echtheit und Dauer gibt, die Ordnung und den Boden, das tragende Skelett, das auf alles bloß Zufällige und Wünschbare verzichtet hat. Wer einen ›guten‹ Saturn im Geburtsbild hat, steht im Bund mit der objektiven, um nicht zu sagen: historischen Notwendigkeit. Er wird methodisch und groß handeln, ihm ist die Gabe der Konzentration auf das Wesentliche zugefallen. Begrenzung wird also der Saturn immer bringen; und wohl dem, der die Fähigkeit zur Selbstbegrenzung aufbringt, ohne die eine bedeutende Leistung nicht möglich ist. Es geht ja nicht mit ständiger Expansion allein. Und erst durch den Saturn wird die wirkliche Struktur des Feldes erkennbar. Er baut, und zwar rational, die Tradition hat er dabei hinter sich und kann sich gegen den Zeitgeist und gegen die Kräfte der Auflösung behaupten. Jetzt kann der Mensch umgehen mit Gewichten. Man glaubt, ihn in einer Institution zu sehen, organisierend, in der die Abläufe festgelegt sind. Steht der Saturn aber ungünstig, dann sehen wir prominente Gegenspieler, die eben auch gegen uns, als Druck, die Logik des Notwendigen in ihrem zwingenden Charakter vertreten und uns unter Berufung auf ein unausweichliches Gesetz (das einzige, das die Titanen kannten, denn ›titanisch‹ ist nicht das Große allein, sondern die Vorstellung, das absolut Notwendige zu tun) zurückdrängen wollen. In jedem Fall gibt der Saturn dem Handeln eine starke, fraglose Bestimmung. Das trägt über den Moment hinaus. Saturn macht die tragenden Linien sichtbar, jetzt fällt die Entscheidung über das Bleibende.

Im Zeichen Saturns

Die Weisen alter Zeit, die hoch für uns von Wert,
die glaubten, und der Punkt ist noch nicht aufgeklärt,
am Himmel seien Glück und Ungemach zu lesen,
und dass an einen Stern gebunden jedes Wesen.
(Man hat voll Spott verlacht, und hat es nicht bedacht,
dass Lachen selber oft schon lächerlich gemacht,
die alte Deutung jener tiefgeheimen Dinge.)
Und die geboren unterm Bann der fahlen Ringe
Saturns, der allen Sternedeutern wert,
empfingen, wie man es in alten Büchern lehrt,
noch stets ein Unglück und ein gut Teil Galle,
und ruhelose Phantasie erfüllt sie alle,
dass keines Streben voll Vernunft das Rechte trifft.
Durch ihre Adern fließt das Blut dünn wie ein Gift,
wie Lava brennend, röchelnd, sehrend und verzehrend,
ihr traurig Ideal und alle Kraft zerstörend.
So leiden sie, die von Saturn gezeichnet sind,
und sterben – angenommen, dass wir sterblich sind –,
so webt den Faden ihres engen Lebensnetzes
der böse Einfluss eines düsteren Gesetzes.

Paul Verlaine, Poèmes saturniens
(ins Deutsche übertragen von Franz Evers)

Bestimmt ist der Saturnmensch zur Arbeit, er ist mehr als alle anderen planetarischen Typen ins Irdische, und zwar in seiner dichtesten Gestalt, verwickelt. Je stärker dieser Planet sich geltend macht, umso deutlicher wird dem Menschen das Gesetz seines Daseins, seiner Handlungsverstrickungen. Wenn der Saturnmensch erzählt, dann eine schicksalhafte Geschichte: Sie lebt aus den Kräften des Landes und der Überlieferung.

Auf dem Planetenkinderbild siehst du ihn mit seinen Zeichen, dem Steinbock und dem Wassermann – aber was seither mit dem Wassermann und seinem Planetenherrscher geschehen ist, darüber müssen wir später noch einmal reden.«

♃

Jupiter, das große Glück

»Jupiter, der Göttervater, gehört zu den strahlendsten Erscheinungen am Himmel. Verwechseln kann man ihn höchstens mit der Venus, aber die zeigt sich wegen ihrer Sonnennähe stets nur am Abend oder am Morgen.« Wir hatten ihn gerade so in Erinnerung, und Joachim fuhr fort: »Sein Einfluss gilt als günstig wie jener der Venus, nur auf einer ganz anderen Ebene, denn sie galt den Alten als das ›kleine‹, er als das ›große‹ Glück.

Karl Philipp Moritz schildert ihn so: ›Er hat auf dem Olymp den höchsten Sitz; er winkt mit den Augenbrauen, und der Olymp erbebt; er ist das umgebende Ganze selber; vor ihm beugt sich der Erdkreis; er lächelt, und der ganze Himmel heitert auf einmal sich auf.‹

Was die Astrologie über ihn weiß, geht aus dem griechischen Mythos hervor: Mit Zeus-Jupiter beginnt ein Rechtszustand der Olympier, die Titanen unter der Führung des Kronos-Saturn (sozusagen die Großeltern, die wirkliche Vorgeschichte) sind entmächtigt. Kein Kind wird künftig mehr von seinem Vater gefressen werden, wie es unterm Saturn die Regel war –

das Ende der Menschenopfer ist mit dem Antritt von Zeus' Herrschaft gekommen.

Jupiter schützt die Ordnung der Polis, der Stadt, er ist ihr oberster Gerichtsherr. Hegel sagt von ihm, er sei ›als Iupiter Capitolinus das allgemeine Wesen des Römischen Reiches, welches auch in den Gottheiten Roma und Fortuna publica personifiziert wird.‹ Und wiederum Hegel ist es, der die von dem Rebellen Prometheus nur technisch geförderte Menschheit, die nun das Feuer zähmt und für ihre materiellen Bedürfnisse gesorgt hat, einen Mangel empfinden lässt, der nur durch Jupiter behoben werden kann: ›Aber es fehlte ihnen die politische Weisheit; und ohne gesellschaftliches Band lebend, sind sie in beständigen Streit und Unglück geraten. Da erteilte Zeus dem Hermes den Befehl, ihnen die ›schöne Scham‹ (Scheu, diesen natürlichen Gehorsam, Ehrfurcht, Folgsamkeit, Respekt der Kinder gegen die Eltern, der Menschen gegen höhere bessere Naturen) ›und das Recht‹ zu verleihen. Hermes fragt: Wie soll ich sie verteilen? An Einzelne, wie die besonderen Künste, wie einige die Arzneiwissenschaft besitzend den anderen helfen? Zeus aber antwortet: allen; denn kein gesellschaftlicher Verein (polis) kann bestehen, wenn nur wenige jener Eigenschaften teilhaftig sind. Und es sei Gesetz, dass, wer nicht teilhaftig sein könne der Scheu und des Rechts, der als eine Krankheit des Staats ausgerottet werden müsse.‹«

Im Zeus ist der aus dem blinden Seyn völlig in Verstand umgewendete Kronos vorbedeutet.

F. W. J. SCHELLING,
PHILOSOPHIE DER MYTHOLOGIE

Juliana schlug das alte Buch auf: »Die Rechtsförmigkeit, der Bezug auf das Gemeinwesen, auf seine Normen und Hierarchien, zeichnet ihn auch astrologisch aus, wenn wir dem braven Regiomontan folgen wollen: ›Von natur warm und feucht / bezeychnet des guetten und rechten gerichtes / fridlich / aus den farben das blau / aus den tagen den Donnerstag (...) In den stunden Jupiters ist guet Künig krönen / heyrat machen /

kleyder schneiden unnd anlegen / guet allerley thier reitten / Guet mit Künigen / Fürsten unnd geystlichen herrn handeln unnd reden / Die stund bringet Kaufleuten gueten gewinn in

der substanz / Ist alles guet darinn zu handlen was zur gerechtigkeit gehört. / Ein kindt geboren in Jupiters stund / Wirdt vernünfftig und weltweiß / Hat fromme leut lieb / kann guet radt geben / hat gerechtigkeit lieb / hat gern wolschmeckend ding.‹«

»Wundern wir uns deshalb nicht«, sagte Astrid und zeigte uns wieder ein Bild des Hausbuchmeisters, »wenn als seine Planetenkinder Geistlichkeit und Justiz erscheinen, obere

Stände. Aber auch als den Schutzherrn der vom Glück Begünstigten sehen wir ihn, des Noblen und Adligen, der hohen Herren überhaupt. Er beobachtet die Edelleute bei ihrer Lieblingsbeschäftigung, der Jagd. Da wird Halali geblasen und die Armbrust gespannt, da wird die Falknerei betrieben. Ein feister, zufriedener Mönch (Zeitsatire ist dem Hausbuchmeister nie ganz fern) steht für die ›fromme leut‹, von denen Regiomontan spricht. Unten rechts wird Gericht gehalten. Wenn der Renaissance-Astrologe Cnemiander dem Markgrafen Johannes von Küstrin Glück beim Reiten, beim Jagen und in der Religion verheißt, zudem ›treume die nicht zuverachten‹, und dies aus den Planeten im ›neinden hauß‹ ableitet, so folgt er schlicht der Tradition, die vom neunten, dem Jupiter zugeordneten Haus, ebendies behauptete. Kann man nicht auch sagen, dass er allem, was er im Horoskop bestrahlt, einen besonderen Glanz verleiht? ›Was der Saturnus übles tut / das macht der Jovis alles gut‹ heißt ein altes astrologisches Sprüchlein.«

9. März 1897. Geburt Madeleines, meines zweiten Töchterchens. Da die Menschen unsterblich sind, so bedeutet jede Geburt einen neuen Abgrund: Abgrund über Gott, über dem Paradies, über der Hölle, über dem Unwiderruflichen, über dem Unersetzlichen, über dem Unbedingten (…) Es hat mich belustigt festzustellen, dass unsere kleine Madeleine um halb 10 Uhr am Vormittag auf die Welt kam – unter der direkten Einwirkung Saturns und beim Abstieg Jupiters. Mögen doch all diese Dämonen in ewiges Nichts versinken!

Léon Bloy, Tagebücher 1892–1917

»Also«, fragte ich, »kann man sagen, dass er allem zu einer höheren öffentlichen Wirksamkeit verhilft, mit dem er in Kontakt tritt? Man möchte ihn als den Förderer zu einem Optimum ansehen, wenn man dabei einen normativen und hierarchischen Gesichtspunkt einnimmt. Er steht für ein heiliges Gesetz, nicht für einen Zwang wie Saturn. Nicht das Leben bremsen will er, sondern es nähren und schützen. Er ist eine freundliche, fördernde Ordnungsmacht. Das Bild zeigt ihn mit seinen Zeichen, dem Schützen und den Fischen – aber es ist hier ähnlich wie beim Wassermann, über den planetarischen ›Herrscher‹ der Fische müssen wir später noch einmal reden.«

Joachim kam wieder auf das Politische. »Zwischen Saturn und Jupiter entschieden sich für den Mythos Weltepochen, im Horoskop sind es Lebensepochen. Man sollte von einer hervorragend politischen Konstellation sprechen, in der zwischen dem herrschenden und dem ausgeschlossenen Prinzip die Entscheidung fällt.

Hier steht viel auf dem Spiel. Im *Wallenstein* lässt Schiller den sterngläubigen Feldherrn im Gespräch mit seinem Sterndeuter Seni die Stunde deuten und dabei besonders auf den Jupiter hinweisen.

Seni: Nur noch die Venus lass mich
betrachten, Hoheit. Eben geht sie auf.
Wie eine Sonne glänzt sie in dem Osten.
Wallenstein: Ja, sie ist jetzt in ihrer Erdennäh
und wirkt herab mit allen ihren Stärken.
Glückseliger Aspekt! So stellt sich endlich
die große Drei verhängnisvoll zusammen,
und beide Segensterne, Jupiter
und Venus, nehmen den verderblichen,
den tück'schen Mars in ihre Mitte, zwingen
den alten Schadenstifter mir zu dienen.
Denn lange war er feindlich mir gesinnt
und schoss mit senkrecht- oder schräger Strahlung,
bald im Gevierten, bald im Doppelschein,
die roten Blitze meinen Sternen zu
und störte ihre segenvollen Kräfte.
Jetzt haben sie den alten Feind besiegt
und bringen ihn am Himmel mir gefangen.
Seni: Und beide große Lumina von keinem

Malefico beleidigt! Der Saturn
unschädlich, machtlos, in cadente domo.
WALLENSTEIN: Saturnus' Reich ist aus, der die geheime
Geburt der Dinge in dem Erdenschoß
und in den Tiefen des Gemüts beherrscht,
und über allem, was das Licht scheut, waltet.
Nicht Zeit ist's mehr, zu brüten und zu sinnen,
denn Jupiter, der glänzende, regiert
und zieht das dunkel zubereitete Werk
gewaltig in das Reich des Lichts – Jetzt muss
gehandelt werden, schleunig, eh die Glücks-
gestalt mir wieder wegflieht überm Haupt,
Denn stets in Wandlung ist der Himmelsbogen.

Das ist wunderbar gesehen. Mir scheint aber«, sagte Joachim, »dass Wallenstein, so technisch vollendet er die Konstellation deutet, die Zweideutigkeit seiner eigenen Auslegung nicht erkennt; ihm entgeht die objektive Ironie, die er ausspricht. Er ist buchstäblich verblendet, und da hilft ihm auch seine Sternenkunde nichts. Der *Mars* ist er ja selbst, der Inbegriff und Chef der reinen, durch nichts als sich selbst gerechtfertigten Kriegsmacht. *Tückisch* war er, indem er den Verrat am Kaiser plante, ein Saturnkind ist er, indem er *die geheime Geburt der Dinge*, die Konspiration mit Schweden nämlich, zu seiner Sache machte. Und tatsächlich wird er nun vom Jupiter, also von dem Vertreter der gesetzlichen Autorität, Questenberg, dem Gesandten des Wiener Hofs, bald ausgeschaltet, *unschädlich* gemacht werden. Du siehst, dass auf die Auslegung alles ankommt, die Konstellation ist so furchtbar zweideutig, wie es die Orakel immer waren.«

»Aber«, so Juliana, »haben wir den Jupiter damit nicht zu sehr moralisiert, indem wir ihn als den Vertreter des Guten schlechthin ansehen? Müsste man nicht die Deutung im Horoskop neutraler formulieren; so, dass bei seinem günstigen Aspekt Glanz und Ruhm zwar nicht ausbleiben werden, aber die Zwecke, die da planetarisch gefördert werden, müssen nicht von vornherein gute sein. Wir sollten uns hüten, aus einem positiv gestellten Jupiter allein schon ein Urteil über die Qualität eines Menschen zu fällen. Wenn mir etwas widerstrebt, dann ist es der Versuch, Höheres aus dem Horoskop lesen zu wollen. Es hat übrigens nie an Stimmen gefehlt, die gegen Jupiters Gesetz ein älteres geltend machen wollten und sich mit dem Rechtsstaat nicht abfinden konnten. Wir sollten an der Ambivalenz gegenüber dem Jupiter nicht vorbeigehen. Der unendliche Vorteil des Mythos besteht ja darin, dass die Titanen nicht einfach vergessen und verschwunden sind; man weiß, dass sie existiert haben und existieren, dass nur ihre Geltung (vielleicht nur: derzeit?) weggefallen ist. Immerhin war für manche, vor allem für die Römer, Saturn eben auch der Herrscher des Goldenen Zeitalters, das noch keine Ungleichheit kannte. Es gab etwas vor Jupiters Gesetz, die ›gute alte Zeit‹, die eines Tages doch erneuert wiederkommen könnte.«

»Warburg«, warf Astrid ein, »hat ein graphisches Blatt aus der Zeit des Bauernkriegs dokumentiert, auf dem eine seltene ›große Konjunktion‹ von Jupiter und Saturn, die wegen der langsamen Umlaufszeit der beiden großen Planeten nur alle zwanzig Jahre am Himmel zu sehen ist, politisch ausgedeutet wird: Da steht rechts das saturnbeherrschte Bauernheer der armen Leute gegen das Jupiter-Heer von Kaiser, Geistlichkeit und Fürsten links, und von oben regnet es, denn die Konjunktion stand im wässrigen Zeichen der Fische. An historischen Wendepunkten wird das, was mit Jupiter und Saturn gemeint ist, wohl stets wieder auftauchen.«

»Um auf dieser Spur der Jupiter-Kritik zu bleiben«, sagte Theodora, »und wieder zur Philosophie zu kommen: Ich denke an eine italienische Szene am frühsten Morgen, die Ernst Bloch in seinen *Spuren* so eindrucksvoll schildert. ›Aber links stand Jupiter, der einzige Stern an der milchigen Haut. Jupiter im Aufgang; ein starkes Auge, das durch seine Stärke erst recht nahe schien. Und zugleich wurde fühlbar: *mit diesem Blick steht die Landschaft im Einverständnis*, ja, Jupiter hat das unfassbare Zusammen erst erregt, als Gast im Raum oder als der spannende Herr unter seinen Geschöpfen. Der Stern herrschte so stark, dass er selbst den Beschauer von seiner kontemplativen Terrasse herunterriss, mitten in die dichte Szene, wo es keine Augen gab oder Abstände für ein Draußen-, gar Darüberstehen mehr gab.‹

Bis hierhin überwiegt der rühmende Ton des Philosophen. Und zunächst einmal muss man feststellen, dass der Philosoph kein Vulgär-Aufklärer war, der den Heutigen die Möglichkeit kosmischer Erfahrung einfach absprechen wollte. Aber dann kippt alles ins Schreckenerregende, in eine Kosmophobie, denn Bloch findet keinen Abstand mehr zu dem, was ihm da widerfährt. ›Betäubt und pathisch nahm man lediglich eine Art Durchklang oder Rundklang in sich auf; dieser zog ins Ensemble, ohne auch nur eine Atemstelle für den Kopf übrig zu lassen. Der Zeuge wurde zum Glied eines namenlosen Organismus; er fühlte sich wie im Inneren eines Tierleibs, eines Welttierkörpers mit Jupiter als seinem Innenauge. Hier gab es nur Interieur und keine Schauseite, nur Einrichtungen und Eingeweide, aber keine Bewohner, außer dem Weltleib selber und seinem niederen Sternauge. Man fühlte sich von den Säften eines Totems genährt, durchströmt, gebannt, der keineswegs im Ebenbild des Menschen geschaffen war.‹«

»Natürlich«, bemerkte Joachim, »spürt er, wer und was Jupiter ist, aber er deutet ihn sich um. Und ich habe auch eine Vermutung, warum die Szene an dieser Stelle umschlägt. Alle Sympathie von Bloch, dem Marxisten, lag ja auf der Seite des prometheischen Aufstands gegen Jupiters Anordnung. Prometheus ist aber ein Titan, und die Revolte selbst schwankt zwischen Uraltem und radikal Neuem. Das Gesetz Jupiters ist eines der Hierarchien und der Privilegien. ›Jupiters Gesetz herrscht durch den Hausherrn‹ – das hat ein anderer Marxist geschrieben, der DDR-Literaturwissenschaftler Werner Krauss. Es ist ein gesetztes, kein von Natur aus schon immer bestehendes Recht. Gerade Jupiters ungebrochenes Strahlen provoziert in manchen den Widerstand. Saturn ist die Vorzeit, Jupiter ist die historische Zeit, durch Herrschaft und Gesetz definiert. Denke an Hölderlins Gedicht ›Natur und Kunst oder Saturn und Jupiter‹. Da wird der Rousseau und mit ihm die ganze Diskussion über die Legitimität des von Menschen gemachten Gesetzes und den ›Naturzustand‹ der Frühwelt an den Himmel projiziert, die Kritik an Jupiter ist Zeitkritik im mythologischen Gewand: Die *heilige Dämmerung* ist Saturn, Jupiter waltet *hoch am Tag* und übt *Herrscherkünste*. Das Reich von Saturn war nicht vom ausgesprochenen *Gebot* bestimmt, Prinzip der Herrschaft war nicht ein ausdrücklich Verkündetes. Das *Recht*, die Titanen, die *Wilden*, in den *Abgrund* gestoßen zu haben, wird Jupiter nicht bestritten. Dennoch bleibt ein Rest, das geschuldete Gedenken, der *Dank* an ein Naturweben, das vor aller historischen *Zeit* war.

Eine passende Mahnung an die hohen Herren, unsere Jupiterkinder, scheint mir!« Joachim hob sein Glas.

♂

Mars: Ein Bericht vom Planeten der großen Kämpfe

»Was ihr auf unserem Planetenkinderbild seht«, sagte Astrid, »kann man in zwei Worten zusammenfassen: Feuer und Blut. Rot sind sie beide, wie die Färbung des Planeten am Nachthimmel. Soldateska ist brennend, raubend und mordend unterwegs. Es herrscht Krieg, furchtbar und schrecklich. Aber schaut nur genau hin. Ihr seht nicht Helden im Kampf von Heer gegen Heer, sondern Landsknechte, die sich über ein Dorf hermachen. Unser Hausbuchmeister schildert nicht nur die Planeten; er hat dabei einen zeitkritischen Standpunkt eingenommen und lässt seinen Witz diesmal ganz bitter spielen. Hinten wird schon das geraubte Vieh weggetrieben; eine Bau-

ersfrau versucht noch, mit einer Hellebarde, die einem Kriegsknecht entfallen sein mag, zur Notwehr zu greifen. Links neben ihr wird das Haus angezündet. Eine Bäuerin hat klagend die Arme gehoben. Eine andere greift zum ersten besten Hausgerät, um ihren Mann zu schützen, den der Berittene am Hemdzipfel gepackt hat, während er zu entkommen sucht. Rechts daneben ein Gefesselter, der sich schon nicht mehr gegen den Stich von oben wehren kann, der gleich auf ihn niedergehen wird. Es ist ein sehr unheroischer Mars, den wir hier sehen, und wir sehen ihn vor allem aus der Perspektive seiner Opfer.«

»Und du darfst nicht denken«, fügte Theodora hinzu, »dass die Antike ihn wesentlich anders betrachtet hätte. Zwar ist er ein legitimer Sohn Jupiters und der Juno, aber selbst der eigene Vater zürnt ihm, wie Moritz in der *Götterlehre* berichtet: ›Belästige mich nicht mit deinen Klagen, Unbeständiger‹, sagt Zeus, ›der du mir der Verhassteste unter allen Göttern bist, die den Olymp bewohnen. Denn du hast nur Gefallen an Krieg und Streit; in dir wohnt ganz die Gemütsart deiner Mutter; und wärst du der Sohn eines anderen Gottes und nicht mein Sohn, so lägst du längst schon tiefer, als Uranos' Söhne liegen.‹«

»Die horoskopische Deutung«, meinte ich, »scheint eine direkte Übersetzung des antiken Mythos vom Kriegsgott Ares-Mars zu sein. Er stand, wie es wiederum Moritz sagt, für den ›Begriff des Wilden und Ungestümen, das durch die Heere wie ein Wetter hinfährt, Wagen zertrümmert, Helme zerschellt, den Tapferen wie den Feigen im wirbelnden Sturme zu Boden wirft und über der grauenvollen Verwüstung triumphiert.‹ Positiv waren nur ›Kühnheit und Tapferkeit‹. Dem ungeachtet, sagt Moritz weiter, ›verliert sich zuweilen in den Dichtungen die menschenähnliche Bildung des Mars wieder in den Begriff des streitenden Heers‹.«

Aus dem Regiomontan las diesmal Astrid: »Er schildert uns den Charakter des Planeten und der ihm zugeordneten Menschen. Mars sei ›von natur heyß und trucken / bezeychner der heerfart und krieg / aus den farben rot (...) In den stunden Martis ist gut / Waffen kauffen / geharnischt pferd kauffen / und was zum krieg gehört / gut harnisch anlegen und sich zum krieg bereyten /wider die feind zu wasser und land handlen (...) Ein kindt geborn in Martis stund / Gewinnet rot krauß har / ist gehzornig / mit eim spitzigen angesicht (...) berühmet sich seiner boßheit / ist spöttisch / fressig / leugt was er sagt / sihet nieman recht an / lacht selten / dann so er ein boßheit vollbracht hat / Wo man leut beschedigt ist er bhend / allen geistlichen feind / ist ungern bei frommen / kleins mageren leibs / lasst nichts ungerochen / sein natur ist geneygt zu rauben / brennen / stechen / morden / hencken / und zu aller boßheyt / stirbt selten guts tods.‹ Nun leben wir in beruhigten Zeiten, hier jedenfalls, und nicht jeder Marsbeeinflusste kommt gleich als Mordbrenner um die Ecke. Aber ganz ohne Streit und Kampf wird dieser Mensch auch nicht auskommen, und sein Leben wird eine hitzigere Temperatur, einen dramatischeren Verlauf annehmen. Dass nun der Mensch des Mars wirklich von Herzen ›böse‹ ist, wie die alte Astrologie so einfach annahm, wollen wir nicht glauben. Aber er wird doch mit dem Bösen in Berührung kommen. Im Bereich des Mars gibt es Täter und Opfer und den akuten Schmerz. Der vom Mars bestimmte Mensch handelt im Raum einer aktuellen Gefahr, dort, wo es riskant wird. Die Situation, die im Augenblick erfasst sein will, verlangt den Kampf. Wenn die ganze bisher tragende Umwelt wegfällt, wenn das Höchstmaß der Erregung erreicht ist, dann betritt Mars die Bühne, vielmehr: Er selbst hat sie so bereitet.«

Joachim hatte die Mars-Literatur eingesehen und gab uns seinen Bericht:

»Ulrich Raulff hat den Planeten das ›Gestirn der Paranoiker‹ genannt. Wer lebt eigentlich auf dem Mars? In Dantes *Göttlicher Komödie* trifft der Dichter bei der Himmelsreise, von Beatrice geleitet, nicht nur auf die Angehörigen florentinischer Familien, sondern auch auf die kanonischen Figuren der Vergangenheit. Ihre Seelen sind auf jenen Planetensphären angesiedelt, die ihrem Leben gemäß waren: die Liebenden auf dem Venus-Himmel, die Glaubensstreiter, ganz der antiken Ordnung gemäß, auf dem Planeten, der seinen Namen vom Kriegsgott

> ***Mars! du bist's! Ich bin Saturnus,***
> ***Übeltätige Gestirne,***
> ***Im Verein die schrecklichsten.***
> GOETHE, WEST-ÖSTLICHER DIVAN,
> BUCH DES TIMUR

hat. Dantes Mars ist biblisch und christlich nobilitiert. Josua, der alttestamentliche Eroberer des Gelobten Landes, macht den Anfang, gefolgt vom kämpferischen Judas Makkabäus, der die Fremden aus Israel vertrieb. Christliche Abwehr des Islam an der Pyrenäengrenze vertreten Karl der Große und Roland, Willehalm und Rennewart, die in der Provence den muslimischen Heeren standzuhalten versuchten, schließlich der Kreuzritter Gottfried von Bouillon und der Normanne Robert Guiskard, der Sizilien von den Muslimen befreite. Dantes Mars gehört dem Glaubenskrieg, dem heiligen Krieg.

Religiöse Namen sind in der modernen Nomenklatur der Planeten verpönt. Wenn ein neuer Mond entdeckt wird, wenn eine Raumsonde auf den Planeten oder ihren Trabanten Krater oder Gebirge in den Blick nimmt, müssen die Namen der politischen und religiösen Kontroverse entzogen sein. Und so war, als man den roten Planeten zu kartographieren begann, Dantes Namensprogramm von vornherein unmöglich. Man griff zu naheliegenden Benennungen, nach berühmten Astronomen und Raketeningenieuren, nach Städten aus aller Welt – aber auch nach jenen Schriftstellern, die für das zwanzigste Jahrhundert das Bild des Mars entworfen haben. Sechs sind es, die ein Dante der Gegenwart, wenn er zum Marshimmel aufstiege, dort verewigt finden würde: unter ihnen der Amerikaner Edgar Rice Burroughs, der Deutsche Kurd Laßwitz, der Brite H. G. Wells und der Russe Alexej Tolstoi. Ihre Bücher kann man als den Kanon des Mars betrachten.

Nach der vermeintlichen Entdeckung der Mars-Kanäle 1877 durch Schiaparelli waren die Phantasien über intelligente Bewohner des Nachbarplaneten der Erde üppig ins Kraut geschossen. Man traute ihnen hohe zivilisatorische Leistungen zu, ebenso aber eine Bedrohung des Lebens auf der Erde. Auch Phantasien über das Hinwelken und Sterben von Kulturen konnten auf den Mars projiziert werden, Rassenkriege, Weltkriege, Bürgerkriege ebenso wie Weltfriedensprojekte, die dem drohenden totalen Krieg in den Arm fallen. Der Mars der

Modernen bedeutet die Angst vor dem Unheimlichen und Vernichtenden. Drohend steht eine unbekannte andere Zivilisation auf, die der Erde gefährlich wird, als das integrale Bild eines Feindlichen.

H. G. Wells, dessen *Krieg der Welten* eine Invasion vom Mars schilderte, ist der erste der auf dem roten Planeten namentlich verewigten Autoren. Sein Roman schildert einen Vernichtungskrieg. Das Technische ist durchaus primitiv, vom Mars werden die Kapseln der ungefügen Invasoren mit Kanonen abgeschossen, deren Blitze noch auf der Erde zu sehen sind. Die Wirkung ist verheerend, niemand scheint die Riesenapparate aufhalten zu können. Bedeutend und groß gesehen ist die Massenpanik, die ein ganzes Land ergreift; mit einer Radio-Version hatte Orson Welles noch in den dreißiger Jahren einen Erfolg, der ihn berüchtigt machte: Viele Hörer hatten dem fiktiven Live-Reporter geglaubt und waren aus Manhattan geflohen. Im Roman kommt die Rettung unerwartet: Am Ende, als schon alles verloren scheint, sieht der Protagonist in den Ruinen von London den letzten Mars-Mann verenden. Das Immunsystem dieser Wesen war den Bedingungen der Erde nicht angepasst, und was die geballte Menschenkraft nicht erreichte, gelingt den Bakterien. Mit dem unheimlichen Klagegesang ›Ulla, ulla‹ stirbt das Marswesen.

Das Wort ›Ulla‹«, fuhr Joachim fort, »spielt auch in dem Roman des sowjetischen Schriftstellers Alexej Tolstoi eine Rolle, ja es scheint das einzige Wort der Mars-Sprache zu sein, auf das man sich einigen könnte. Nur bedeutet es in dem Roman *Aelita* etwas ganz anderes: Es ist das Instrument, auf dem die Mars-Frau Aelita, Tochter des Oberherrn vom regierenden ›Rat der Ingenieure‹, dem Erdenmann Losj ihr Liebes- und Hochzeitslied singt. Alexej Tolstoi, geboren 1883, hatte Mathematik studiert. Die Oktoberrevolution lehnte er zunächst ab; er war für die Propagandaabteilung der Weißen Garde des Generals Denikin tätig und ging nach der Niederlage im Bürgerkrieg in die Emigration nach Berlin, kehrte aber schon 1923 in die Sowjetunion zurück. Man hat von Tolstois ›Heimweh nach Russland‹ gesprochen; auch aus dem Mars-Roman spricht es vernehmlich. Der Sowjet-Patriotismus war bei ihm vor allem auf die Stärke des Russischen Reiches gerichtet, wobei man am Ende die Revolution in Kauf nehmen oder als ›Blutauffrischung‹ sogar begrüßen konnte.

Zwei Männer sind es, der Ingenieur Losj und der Haudegen Gussew, die sich im Chaos nach dem Bürgerkrieg in den Weltraum aufmachen. Auf dem Mars finden sie eine niedergehende Zivilisation, die ursprünglich von Atlantis gekommen war. Tolstoi liebte die großen Kulturpanoramen, und hier hatte er die Gelegenheit zu malerischen Schilderungen der Kämpfe eingesessener und nachkommender Völker. Der Mars ist dekadent geworden. In unterirdischen Fabriken produziert eine entrechtete Klasse, oben führt man ein entlastetes Leben, gelegentlich aufgelockert durch den Rauch einer Droge. Der Niedergang ist demographisch messbar: Diese Kultur wird aussterben, lautet das spenglero-bolschewistische Zwischenfazit des Romans. Am Ende jedoch geht alles gut aus: Auch auf dem Mars siegt die Revolution.

Und dann Edgar Rice Burroughs, der vor allem durch seinen *Tarzan*-Roman bekannt ist, seine Mars-Serie dagegen fesselt wohl nur mehr die Liebhaber reiner Schwertkampf-Literatur. Die Einbildungskraft dieses amerikanischen Autors ging offen ins Barbarische: Tarzan ist nicht der nette junge Mann, den man aus der neuen Disney-Verfilmung kennt, sondern eine Projektionsfigur des Imperialismus. 1875 wurde Burroughs in Chicago geboren. Sein Vater hatte im amerikanischen Bürgerkrieg gekämpft – und ein Veteran der konföderierten Seite ist es auch, der sich mittels einer Beam-Technik auf den Weg zum Mars macht. Der 1912 erschienene Roman *Dejah Thoris, Princess of Mars* war Burroughs' erster großer Erfolg. Hier debütierte der Held John Carter, der sich noch in zehn weiteren Büchern auf dem Mars zu bewähren hatte. Der Planet ist von verschiedenen, einander bekämpfenden Rassen bewohnt:

Neben den blauen findet man rote und grüne Menschen. Ja, die populäre Vorstellung, dass Marsmenschen grün seien, dürfte direkt aus diesen Büchern stammen. Allerdings sind die Grünen hier nicht klein, wie man denken möchte, sondern Riesen mit vier Armen. Auch aus Burroughs' Visionen spricht die Dekadenz-Angst; der Mars ist ein sterbender Planet. Aber anders als Tolstoi hat es der amerikanische Autor weniger mit einem philosophisch-politischen als mit einem Unterhaltungsbedürfnis zu tun: Wer an der älteren Science-fiction die anachronistischen Legierungen von feudaler Gesellschaft und technischer Hochrüstung schätzt, dazu die reine, eskapistische Abenteuerlichkeit, wer vor allem jene Szenen liebt, in denen der Super-Held die zarte Schönheit rettet, wird bei Burroughs auf seine Kosten kommen.

Lasst mich zum Abschluss noch den Roman *Auf zwei Planeten* von Kurd Laßwitz erwähnen, der 1897 erschien, im gleichen Jahr wie *Krieg der Welten*. Er ist das pazifistische Gegenstück zum Werk des Briten. Laßwitz, 1848 in Breslau geboren, hatte Mathematik und Physik studiert. Als Herausgeber war er an der Akademie-Ausgabe der Schriften von Immanuel Kant beteiligt, und die kantische Sittlichkeit bildet den geistigen Äther seines Romans. Eine ›Gemeinschaft freier Vernunftwesen zu bilden, in der die Ordnung herrscht nicht durch die egoistische Gewalt einzelner Klassen, sondern durch das lebendige Gemeinschaftsgefühl aller‹ – das ist die Lehre, die den Erdbewohnern in ihrem Kontakt mit den ›Martiern‹ aufgeht.

Wer die Frage stellte: Was ist deutsch? – der würde nach der Lektüre dieses Romans und im Vergleich mit den britischen, russischen und amerikanischen Konkurrenten sagen müssen: Deutsch ist vor allem die liebenswürdige Umständlichkeit, mit der alles Wissenschaftliche breit dargestellt wird, und eine ebenso ernsthafte Sittlichkeit, die an Volksbildung und Weltfrieden glaubt. Aber noch ist man sich auf dem Mars nicht einig über den Kurs, den man steuern will: Eine

Gruppe will die Vernichtung der Menschen, um den Planeten ungestört ausbeuten zu können. Aber bei den Wahlen setzt sich die Friedenspartei durch, und in der Liebe zwischen dem Ingenieur Saltner und der rotblonden Martierin La wird die Aussöhnung auch privat besiegelt. Wer einige Ausführlichkeit nicht scheut, wird am feinen Witz der Zeitsatire Gefallen finden: wenn etwa für die Verhandlungen mit dem Mars erst der Bundesrat konsultiert werden muss oder wenn zwei hübsche Martierinnen in einem Berliner Restaurant einen Teller ›G'selchtes‹ bestellen.«

»Laßwitz und das Deutsche als das Pazifistische? Entschuldige, ich muss lächeln«, wandte Juliana ein. »Wenn die Marsfrau La wirklich rotblond ist, dann ist sie ja geradezu aus der ›Germania‹ des Tacitus hochgebeamt worden, und der ganze Frieden wird nur möglich, weil Laßwitz eben von vornherein Homogenität voraussetzt.«

»Wir haben schon beim Tierkreiszeichen Widder«, schaltete Theodora sich ein, »dem von Mars beherrschten, an Ernst Jünger gedacht. Ich möchte eine seltsame Lektüre anfügen, die hier hineingehört. Auch Hans Blumenberg hat in seinem Buch *Die Vollzähligkeit der Sterne* den Mars behandelt. Aber das Gewicht des astralen Mythos ist in dieser Sphäre zu stark, als dass sie dem Philosophen Raum für Gedankenspiele gelassen hätte. Man stößt förmlich auf die Perspektiven, die sich Blumenberg versagt hat. Als er die Enttäuschungen diskutiert, die die Erforschung des Marsbodens durch unbemannte Sonden der Menschheit bereitet hat, fügt er eine im gleichen Tenor gehaltene Tagebuchnotiz Ernst Jüngers an: ›Die Landung auf unbelebten Himmelskörpern hat manche Erwartungen enttäuscht.‹ Aber Jünger fährt, wie Blumenberg ratlos weiterzitiert, in einer mythischen Sprache fort: ›Sollte aber dort nicht mehr verborgen sein, als wir erhofften – Einsichten, vielleicht sogar eine Befriedigung über die faustische Unruhe hinaus? Die Planeten als Götter. Keine Wiederholung, sondern ein

Wiederfinden; auch das eine Perspektive aus der Synthesis und über sie hinaus.‹

Plötzlich spielt der Philosoph nicht mehr mit und ruft zur Ordnung: ›Da wir ohnehin nicht wissen, was ein Gott ist, wissen wir auch nicht, worin sich Götter unterscheiden.‹ Die Stelle ist nicht völlig klar. Jünger jedenfalls weiß nur allzu genau, welchen Gott er auf ebenjenem durch die Sonde auf seine Bodenbeschaffenheit untersuchten Mars wiederfinden möchte – den Kriegsgott nämlich, der ihm beim Einmarsch in Frankreich im Sommer 1940 gewogen war, wie es das Tagebuch *Gärten und Straßen* formulierte. Als ein Untergebener sich damals verwundert zeigte, dass bei den Kampfhandlungen die Musikinstrumente zuallererst zertrümmert würden, kommentiert Jünger: ›Das ist ein Symbol für den unmusischen Charakter des Mars und, wenn ich mich recht entsinne, schon auf einem großen Bilde von Rubens vermerkt, das dem Thema Mars und die Musen gewidmet ist.‹ Blumenbergs Unwille gegenüber Jüngers mythologischen Überlegungen kann nur damit zusammenhängen, dass er sich auf den Mythos eines ›rabiaten Gottes‹, wie er ihn nennt, nicht einlassen mochte.«

♀

Venus, das kleine Glück

Theodora begann träumerisch: »Nur einmal habe ich die Sprache des Himmels wirklich sofort verstanden; nicht reflektierend, sondern so, dass sie sich mir als expressive Dimension überhaupt erst erschloss. Am Horizont war der Himmel rosa bis pfirsichfarben, weiter oben ging er ins Türkis über. Im dunkleren Bereich stand Venus. Schöneres kann man sich nicht vorstellen. In diesem Moment erst wusste ich, das ist

Ausdruck, man muss ihn nur verstehen lernen. Der Himmel, ein Aphasiker, der keine andere Möglichkeit der Mitteilung hat als seine Lichterscheinungen, und mit der Venus als Abendstern will er sagen: Dies ist das Schönste. Pracht der Sonne, Milde des Mondes, bleiche Farbe des Saturns – so redet er zu uns.«

Astrid legte uns das Planetenkinderbild der Venus vor. »Hier wird die Sprache des Himmels ins Menschliche übersetzt. Es zeigt die Herrin der beiden Tierkreiszeichen Stier und Waage im Damensitz auf ihrem Pferd. Du siehst Musik, die Welt ist vom Klang erfüllt. Tanz und Liebesspiel sind die Motive, mal galante, höfisch-elegante Paare; mal direkter vorgestellt im gemeinsamen Bad, da ist die Umarmung schon nah. Selbst die alte Dienerin riskiert noch einen Blick. Das Ganze ist ein Liebesgarten, der für nichts anderes angelegt ist und uns vom Vorspiel im Tanz bis zur Umarmung fast alles vor Augen stellt; Früchte, vielleicht mit aphrodisierender Wirkung, liegen bereit. Stier und Waage begleiten die Göttin als ihr Herrschaftsbereich.«

… wenn Venus einen leuchtenden Schönheitsfleck neben den Mund des Mondes setzte …
CRISTINA CAMPO, FLÖTE UND TEPPICH

Juliana blätterte im Regiomontan. »Venus, sagt er, sei die Bezeichnerin ›der welt freud / des gesangs / allerley seyten spil / und zier der kleyder … In Venus stunden ist guet / Von Herzen etwas zu erfaren / heyrat machen / kurzweylen mit frawen / new kleyder anlegen / unnd alle frawliche werck / und wo zu frawen gehören / thun. Es ist guett über feldt ziehen / es begegnet ihm guts nemlich von frawen.‹ Er ist aber auch sehr kritisch und mahnend, wenn die Tendenz zu stark wird: Das Kind werde ›geyl und unkeusch‹, die Tochter entpuppe sich dann als ›toericht fraw‹. Dennoch sieht auch er die guten Gaben des schönen Planeten: ›Ists eyn man / so wirdt er den weibern lieb / ists ein fraw / wirdt den mannen lieb … Hat die Music lieb /

legt vil fleiß auff seyten spil und seine kleyder / und wann sie das an gut nit vermögen / greiffen sie an / da volgt hencken nach.‹ Nun, er sieht sich am Ende doch wieder zum Moralpre-

digen genötigt. Eros ist eine große Macht, ja eine Gewalt, das jedenfalls erkennt er. Und das stimmt zum antiken Mythos: Ohne Venus hätte der ganze Trojanische Krieg nicht stattgefunden. Denn ihr, und nicht den Konkurrentinnen Hera und Pallas Athene, reichte Paris den Apfel, und das Verhängnis nahm seinen Lauf. Der Lohn ist, dass Paris die Freuden der Liebe mit der schönsten Frau genießen darf, mit Helena – die aber rechtmäßig einem anderen gehört. So setzt sich Venus über die Normen und Verträge auch hinweg.«

Aber nun hört Karl Philipp Moritz in der *Götterlehre*: ›Man verehrt in dieser reizenden Göttergestalt den heiligen Trieb, der alle Wesen fortpflanzt; die Fülle der Lebenskraft, die in die nachkommenden Geschlechter sich ergießt; der Reiz der Schönheit, der zur Vermählung anlockt.‹ Das ist nun doch sehr bürgerlich gesehen, klassisch-gedämpft, als münde aller Venusdienst naturgemäß in die Ehe und die Fortpflanzung. Dabei sieht auch er die ›furchtbare Macht‹ einer Göttin, die alles andere besiegen kann.«

Venus. Geliebter, komm! Sieh dort die Grotte,
von ros'gen Düften mild durchwallt!
Entzücken böt selbst einem Gotte
der süß'sten Freuden Aufenthalt.
Besänftigt auf dem weichsten Pfühle
flieh deine Glieder jeder Schmerz!
Dein brennend Haupt umwehe Kühle,
wonnige Glut durchschwelle dein Herz!
Aus holder Ferne mahnen süße Klänge,
dass dich mein Arm in trauter Näh umschlänge;
von meinen Lippen schlürfst du Göttertrank,
aus meinen Augen strahlt dir Liebesdank!
Ein Freudenfest soll unsrem Bund entstehen,
der Liebe Feier lass uns froh begehen!
Nicht sollst du ihr ein scheues Opfer weihn,
nein! mit der Liebe Göttin schwelge im Verein!

RICHARD WAGNER, TANNHÄUSER

Joachim war noch nicht zufrieden mit der Auslegung. »Als Siegel der Frauenbewegung finden wir Venus wieder. Auch das ist eine Umdeutung des ursprünglich Gemeinten, denn nun geht es nicht mehr um Venus als elementare, sondern um Feminismus als gesellschaftliche Macht. In ihrem Zeichen wird heute um den Anteil der Frauen an Führung gekämpft. Auch das Namensprogramm, das die Astronomen für die Oberflächenzüge, zum Beispiel für die Krater auf der Venus entworfen haben, ist pädagogisch, musisch-musikalisch und künstlerisch in dem Sinne, dass es weibliche Durchsetzung in einer männlich dominierten Gesellschaft feiert. Bei Marlene Dietrich, der Lorelei, Lola Montez, Josephine Baker und Sarah Bernhardt – allesamt Namenspatroninnen von Venus-Kratern – ist noch etwas von der echten Venus zu spüren. Wenn man aber Dorothea

Erxleben dort verewigt hat, dann nicht wegen ihrer aphrodisischen Gaben, sondern weil sie die erste Frau war, die in Deutschland promoviert wurde, eine Wegbereiterin. Ähnlich mag es sich bei Clara Schumann, Nelly Sachs, Angelica Kauffmann, Käthe Kollwitz, Bertha von Suttner, Anne Frank oder Agatha Christie verhalten. Nicht die Venus siehst du, sondern eine Art Weltmuseum berühmter Frauen und weiblicher Begabungen – am Ende ein UNESCO-Programm für die Gleichstellung. Besser, wir halten uns an die Maler, die in der Venus die Schönheit verherrlicht haben: Botticelli und Cranach, Tizian und Altdorfer.«

☿

Geschicklichkeiten des Merkur

»In der frühneuzeitlichen Astrologie«, erklärte Juliana, »galt der Planet Merkur als Schutzherr von Nachrichten, Erziehung und Kunsthandwerk. ›In Mercurius stund‹, sagt uns Regiomontan, ›ist gut Alle thier reitten / brieff schreiben / botten sendenn / (...) kind zu schul thun und was mit künsten und meysterschaft zugeht / gut zu handtieren / reysen / gelt und schulden einbringen und empfahen. Ein kindt geboren in Mercurius stund wirdt redsprechig und weiß / leicht bei den leutten / an farben bleich / und studiert gern / ist still und subtil / gutes radts.‹ Anders als Jupiter, der als Schützer von Recht und Gesetz auftrat, also ein normatives Potential im Leben verkörperte und ursprünglich, als griechischer Zeus, der eigentliche Polis-Gott war, galt Merkur als eine sittlich unbestimmte, neutrale Macht – ›Wirdt geneygt durch sein natur zu den Planeten bei jm / bei den guten gut / bei den bösen böß.‹«

Astrid zog den Hausbuchmeister hervor. »Die Planetenkinderbilder zeigten Merkur zwischen den beiden von ihm beherrschten Tierkreiszeichen, den Zwillingen und der Jungfrau, und nannten als die unter ihm befassten Berufe gern

Orgelbauer, Bildschnitzer und Maler, Händler und Geldwechsler, Gelehrte und Schreiber und, mit dem Sinn fürs kuriose Detail, im Holzschnitt des Hausbuchmeisters, auch einen Lehrer, der gerade ein ungehorsames Kind schlägt, während seine anderen Schützlinge eifrig ins Buch vertieft sind.«

»Die merkwürdige Vielfalt merkurischen Wesens«, so Theodora, »war im griechischen Hermes-Mythos angelegt. Die unter dem Namen der *Homerischen Hymnen* überlieferten Gedichte zeigen gerade bei Hermes, dem Sohn des Zeus und der Maia, eine Abweichung vom feierlichen Ton der anderen Götterhymnen. Seine Geschichte, in der Geschicklichkeit bis zur Dieberei das Thema ist, ließ sich nur burlesk und humoristisch erzählen. Gleich im Musenanruf zu Beginn wird Hermes als ›glückbringender Bote der Unsterblichen‹ angesprochen – und so erklärt sich wohl seine spätere astrologische Begünstigung des Briefeschreibens, Reisens und Botensendens. Zugleich ist er, wiederkehrend und formelhaft, ein Gott der Geschicklichkeit, der Listen, der Verschlagenheit und der Kunstgriffe. Am frühen Morgen wird er geboren, und am Mittag schon spielt er die Lyra. Denn er sieht eine Schildkröte, aus deren Panzer er den Resonanzkörper des Musikinstruments verfertigt, und mit etwas naiver Grausamkeit sagt der Hymnus, Hermes als erster habe die Schildkröte zur Sängerin gemacht. Es ist diese Lyra, die zunächst an Apollo gegeben wird, der sie seinerseits an Orpheus weiterreicht, bis sie, bei der Fahrt der Argonauten, wieder als Opfergabe zu Apollo zurückkehrt. So erklären sich die frühneuzeitlichen Orgelbauer der Planetenkinderbilder als eine aktualisierende Transformation des Hermes-Mythos.

> ***Aus dem Munde des Hermes hatten die Priester ihre Weisheit und zugleich die heiligen Bücher empfangen. Er war der Historiograph der Götter, der Einsetzer und Erfinder der articulirten Sprache, der Grammatik, dadurch Lehrer des discursiven, auseinandersetzenden Denkens selbst, Erfinder der Schrift.***
>
> F. W. J. SCHELLING,
> PHILOSOPHIE DER MYTHOLOGIE

Genauso kunstreich aber ist Hermes, als er Apollons Rinder stiehlt. Erst als er dem Apollo verspricht, ihm nie wieder etwas zu entwenden (von anderen möglichen Diebstaten ist nicht die Rede), wird er feierlich zum Götterboten und zum Beschützer des Tauschhandels ›zwischen den Menschen der fruchtbaren Erde‹ eingesetzt. Zeus bestätigt den Akt. Die Wahrsagekunst aber bleibt Apollo vorbehalten.

Wenn also der schon erwähnte Astrologe Cnemiander«, fuhr Theodora for, »aus einem Horoskop Freunde unter den ›Magistern, Kanzlern, Schreibern, Rechenmeistern, Mathematicos, Poeten, Kaufleuten‹ prognostizierte, dann war das nicht ein disparates Sammelsurium, sondern wies schlicht auf einen gutgestellten Merkur. Im achtzehnten Jahrhundert starb der Glaube an die Schicksals- und Charakterbestimmung durch die Planeten ab.

Dennoch blieb der Karriere von Hermes, der als Merkur römisches Bürgerrecht erlangt hatte, noch eine weitere Möglichkeit offen: Er wurde zum Leitbild der Enzyklopädien und Lexika (Ulrich Johannes Schneider, »Merkur und andere enzyklopädische Götter«, in: *Zeitschrift für Ideengeschichte*, Jg. 1, Heft 2, Verlag C. H. Beck, München 2007). Er war, so schreibt Schneider, ›wendig, flatterhaft und überall anzutreffen. Die wenigen Kleidungsstücke, die seinen nackten Leib umgaben und verzierten – der wehende Mantel, die beflügelten Sandalen und der ebenfalls mit Flügeln ausgestattete Helm –, ließen ihn immer wie im Aufbruch begriffen erscheinen, eine göttliche Gestalt des Auftauchens und Verschwindens, der unvermuteten Begegnung‹. Ein Lexikon aus dem Jahr 1731 weiß zu berichten, dass er ›von einem unruhigen Humeur‹ gewesen sei. Und es schildert ihn nicht nur als einen Gott, der ›viele Künste entweder erfunden oder doch perfectionieret‹ habe, sondern es trägt sein Bild auf dem Frontispiz.

Als Lexikongott wäre er eine Idealbesetzung gewesen – aber Schneider weist darauf hin, dass Merkur sich diese Position mit zwei anderen aus dem Pantheon teilen musste, mit Minerva, der römisch gewordenen Pallas Athene, und mit Demeter, die als Ceres römisches Bürgerrecht gewonnen hatte. Alles Wissen kann der Listenreiche und Kunstfertige nicht für sich beanspruchen. Demeter vertritt, oben plaziert, das Naturwissen, Minerva das akademische und Merkur das Handelswissen. Diese Zusammenstellung ist ikonographisch selten, und deshalb spricht Schneider von einem ›bislang unbekannten Datum der Göttergeschichte‹.

Es handelt sich, so eine erste Lesart des Bildes, um die Geschichte einer Arbeitsteilung im Wissen selbst. Während Minerva und Demeter spezifische Wissensbereiche vertreten, stehe Merkur für ›Wissenseffekte‹: Er symbolisiert ›keineswegs nur Informationen über den Handel, sondern den Handel mit Informationen‹. Merkur sei einer der ›Methode, Wissen zu erweitern‹. Über diese Erklärung geht aber Schneider noch hinaus, wenn er die im achtzehnten Jahrhundert einsetzende Beschleunigung ins Spiel bringt: Die Versammlung der drei Gottheiten hätte danach die Aufgabe, zentrifugale Kräfte im Wissen zu bändigen.

Und schließlich stehe Merkur, als ›Fachmann fürs Flüchtige und Weitgereiste‹, für eine entscheidende Tendenz des achtzehnten Jahrhunderts, nämlich für die enzyklopädische Absicht selbst, für das, was Schneider ›Wissensbearbeitungsprozesse‹ nennt, die der Distribution, Kommunikation und Transformation des Wissens dienen. Im neunzehnten Jahrhundert starb auch diese Bildwelt ab. Vielleicht, so Schneider, ›wäre sonst Merkur als Nachrichtengott und Redaktionsschutzengel heute vertrauter‹.

Eines muss doch auffallen«, fügte Theodora hinzu, »die Intelligenzblätter haben sich immer gern mit dem Namen des Götterboten geschmückt. Christoph Martin Wieland hatte seinen *Teutschen Merkur* im achtzehnten Jahrhundert, der *Mercure de France* erschien schon seit 1672 und hieß zunächst *Mercure Galant*, aber auch ihm war der *Mercure françoys* 1611 vorhergegangen. Ende des neunzehnten Jahrhunderts kam der *Mercure de France* zurück, diesmal als Bote der literarischen Moderne. Heute trägt ein Verlagshaus unter dem Schirm von Gallimard den Namen. Seit 1947 erscheint auch hierzulande wieder der *Merkur*, im Untertitel ›Deutsche Zeitschrift für europäisches Denken‹, und ist die geistige Heimat unserer höheren Merkurier.«

☉ ☽

Sonne und Mond

»Die Sonne«, meinte Joachim, »ist ja auch wieder politisch. Sie ist der Herrscher, der Souverän. Oder er ist ihr Sohn, wie der Pharao Echnaton. Souverän sein, das heißt vor allem: schenken können, sich wie die Sonne verausgaben. Also: Großbauten errichten, Leben und Energie spenden, Maitressenwirtschaft wie bei August dem Starken. Die Neueren sind geneigt, all diese Äußerungen unter Tyrannenwahn zu verbuchen, als sei der Puritanismus des Zeit- und Geldsparens die Norm schlechthin. Und wenn dann ein demokratisch gewählter Herrscher wie Mitterrand das alte Bild wiederbelebt, reibt man sich verwundert die Augen.

> ***Gold in der figürlichen Sprache der Peruaner, »the tears wept by the Sun«.***
>
> KARL MARX, GRUNDRISSE

Der Souverän folgt nicht der Logik des Arbeitens und Sparens, er ist der Herr der Gabe, er verkörpert den exuberanten Überfluss in einer Welt, die ansonsten eben ist, wie man sie nur allzu gut kennt, eng, klein und der Berechnung unterworfen. Es war Georges Bataille, der eine ganze Gesellschaftstheorie auf die Verschwendung und Verausgabung gründen wollte. In den Worten dieses Denkers lautet der erste Satz des solaren Mythos: ›Die Sonne gibt, ohne jemals zu empfangen.‹ Das Sonnenzeichen des Löwen – von Dürer wurde der Zusammenhang in einem schönen Stich festgehalten – ist das Lieblingstier der Herrscher. Als Metall ist das Gold der Sonne zugeordnet, edel wie diese, indem es nur in gediegenem Zustand gefunden wird, es vermischt sich nicht.«

Juliana las aus dem Regiomontan: »Er nennt die Sonne ›bezeychner der reichtumb leiblicher ding / verstentnus reynigkeit / aus den farben das gelb / In den stunden der Sonnen / ist gut mit künigen / Fürsten und grossen Herrn handlen und zeschaffen haben / mit Bischöfen / äpten und Prelaten / Guet Radthern erwelen / guet waffenkaufen / gelbe tier reiten / jagen. … Ein kindt geborn in der Sonne stund / Wirdt ein haupt über alle seine freund / zu hohen ehren erwelt / es sei ein knab oder meidlin / so wirdts schön von angesicht / wahrhafft und klueger sinn / hört ungern von schwachen dingen reden / ist gern bei grossen Herrn / hat ein schönen bart / kunstreich / gehzornig / balde vergessen / hat frawen lieb / haßt böse leut / hat gern guette kleyder / hat ein grosse red / ist frölich.‹ Man muss dem nicht viel hinzufügen. Sonne bedeutet eine Welt, in der Gestalten und Farben erst erkennbar werden – man sieht deutlicher, schärfer, synthetischer, – das ist der *große* Blick, das große schauende Auge. Die Sonne selbst wird ja mit einem Gesicht dargestellt, vor allem lacht sie, und diese Gabe teilt sie ihren Kindern mit. Befruchtend wirkt sie, zeugend lässt sie Gestalten ins Leben treten, in eine offene Zukunft hinein. Die Sonne ist männlich, schöpferisch, verantwortlich. Sonne im Horoskop steht für eine sichere Identität, die natürlich-gesund verstanden wird, eigentlich bedeutet die Sonne eine feste Ontologie. Die Wahrheit der Sonne, von der Regiomontan spricht, wenn er ihre Kinder *wahrhafft* nennt, ist nicht durch intellektuelle Operationen oder durch eine Theorie vermittelt; das Angeschaute ist zugleich schon das Erkannte. So, wie die Welt Gestalt gewinnt, erscheint nun auch die von der Sonne bestimmte Person als in sich konsistent und vertrauenswürdig.«

»Unser Planetenkinderbild«, meinte Astrid, »gibt diesmal nicht so viel her wie in den andern Fällen: Man sieht ausgelassene, vergnügliche Kraftübung, die nicht verletzend und blutig ist wie bei Mars. Dann Frommsinn, und tatsächlich auch die Gabe, das Schenken links im Bild. Ein Narr sorgt für Fröhlichkeit, ebenso die Musik. Also eine heitere Welt: Die Sonne strahlt. Sie bedeutet das Wohlwollen.«

»Ganz anders dagegen hört sich die Erzählung des Mondes an«, warf ich ein. »Der Mond strahlt nicht, er scheint, sein Licht ist mild, sein Metall das Silber. Der Mond führt in eine

Welt ein, die in ihrem Wirklichkeits- und Wahrheitscharakter noch zweideutig und unbestimmt ist, in der die Gestalten noch nicht verfestigt sind, in eine Sphäre der Phantasie, der Indifferenz von Wunsch und Furcht, der rätselhaften Winke und Bedeutungen. Vor allem ist sein Schein veränderlich, unser Wort ›Laune‹ stammt von ›luna‹, Mond. Er steht für das Weibliche im Sinn des Empfangenden und Empfänglichen, für das Schützende. Aber vergessen wir nicht, dass *lunatic* im Englischen auch ›wahnsinnig‹ und ›verrückt‹ bedeutet – und schon hast du einen Schlüssel für den Aspekt von Mond und Saturn; wenn sich da *saturnine* mit *lunatic* und *Laune* trifft, womög-

lich noch in ungünstigem Winkel, haben wir jedenfalls eine komplizierte Gemütsverfassung zu erwarten.
Astrid zeigte, was der Hausbuchmeister sich dazu hatte einfallen lassen: »Weiblich zeigt ihn auch das Planetenkinderbild mit dem von ihm beherrschten Krebs, und veränderlich. Da ist das bewegliche Wasser ein Hauptmotiv, du siehst auch einen Wandersmann und dahinziehende Vögel. Selbst der Bader unten, der einem Mann aus dem Volk gerade den Zahn

zieht, gehört zum fahrenden Gewerbe, wie wohl auch der Herr mit dem Äffchen. Auf die Frage: Wie müssen wir uns eine Welt vorstellen, die unter dem Gesetz des launenhaften Mondes steht, hat der Hausbuchmeister eine schlichte, den Menschen seiner Zeit plausible Antwort zu finden versucht.«

»Und so ähnlich«, erklärte Juliana, »steht es dann auch im Regiomontan. Nichts von dem, wofür man sich Dauer und Bestand wünscht, soll man in der Stunde des Mondes beginnen: ›Nit gut ists heyrat machen / anfahen zu bawen / noch etwas bestendiges anzufahen / nit gut geld außleihen / Aber alles gut anzufahen des man bald end begehrt.‹ Das Mondkind wird ›unstet in seinem wandel / lasst sich niemandts meistern / will niemandts gehorsam sein‹. Man könnte sagen, der Merkurier reist mit einer Absicht, der Mensch, unterm Mond geboren, aus Trieb.«

»Selbst wir Juristen sind für das milde Launengestirn nicht unempfänglich", meinte Joachim. „Mond und Silber waren für die Dichter immer eins. Auch für Theodor Däubler, der vom Mond schrieb, dass er mit seinen Launen die schneebedeckten Berge erhelle: ›Es darf nur der Mond solche Reinheit betasten.‹ Nachdem in der *Frankfurter Allgemeinen Zeitung* 1955 dieses Gedicht mit einem Druckfehler erschienen war, schrieb Carl Schmitt einen Leserbrief: An die ›fabelhafte naturphilosophisch-kosmisch-lyrische Aussage‹ Däublers ›schließt sich eine Zeile an, die ein Glanzstück neo-impressionistischer Kunst ist und die Sie so zitieren: mit silbernen Launen verziert er die Hänge. Der richtige Text lautet: Mit silbernden Launen verziert er der Hänge (...), und dieses d in dem Wort silbernden sollte man nicht verkennen. Silbern ist ein Adjektiv, silbernd das Partizip eines Tätigkeitswortes. Silberne Launen sind etwas anderes als silbernde Launen. Wenn der Mond in der kalten Nacht die Hänge mit silbernen Launen verziert, wie Sie es drucken, dann hängt er aus Silber verfertigte Gegenstände an etwas an, so, wie man Silberschmuck an einen Weihnachtsbaum hängt. Wenn er aber etwas mit silbernden Launen verziert, so verwandelt das Spiel seiner Launen die Dinge in Silbrigkeit.‹«

»Sonnenfragen dagegen«, erklärte Theodora, »sind für die Philosophin Wahrheitsfragen. Wir haben dafür einen Hauptzeugen, wenn wir über Regiomontans Charakterisierung des *wahrhafftigen* hinausgehen wollen: den Philosophen Hans Blumenberg. Merkwürdig, dass Blumenberg, dessen Untersuchungen zur Kopernikanischen Wende, 1965 erschienen, die Wissenschaftsgeschichte des heliozentrischen Weltbildes schrieben, über die Sonne wenig Gutes zu sagen weiß. Diese sei vielmehr, so liest man, ›eine Wohltäterin, der wie allen Wohltätern nur wenig zur Tyrannei fehlt. Sie anzubeten, ist eine der ältesten Religionen und einer der modernsten Kulte. Sie lässt sich nicht ansehen und stürzte doch die Menschen in Angst und Schrecken, wenn sie sich verfinsterte. Das Verhältnis der Menschen zur Sonne ist triebhaft; sie sind bereit, alle Hüllen fallen zu lassen, damit der Strahl sie bis in die letzten Winkel erreicht. Es gibt nichts Vergleichbares zu dieser Abhängigkeit, zu diesem Genuss unter der Fuchtel eines Despotismus, dem zumindest keiner zu widersprechen wagt.‹ Der Schlusssatz zeigt, dass hier die Philosophie selbst auf dem Spiel steht.

Eine Instanz, der man nicht zu widersprechen wagt: Ist das nicht die Metapher der metaphernfrei gedachten *nuda veritas*, jener ›nackten Wahrheit‹, der eine frühe Abhandlung Blumenbergs nachgegangen war? Sind nicht die Anhänger des Sonnenkultes, die ihre Hüllen fallen lassen, Nachkommen jener, die sich die Wahrheit als ›schamverletzende Enthüllung‹ – so Blumenberg 1960 – dachten? Der Philosoph, der in einer seiner ersten Studien das ›Licht als Metapher der Wahrheit‹ untersuchte, hat im Bild der Sonne den Despotismus der Vernunft beschrieben, der in der adamitischen Nacktheit seine eigenen Barbaren hervorbringt. Von einem ›neueren Wahn der nackten, brutalen Wahrheit‹ hatte Blumenberg einige Seiten zuvor gesprochen.

Die Alternative, das Leitgestirn des Begriffsgeschichtlers ist der Mond: ›der zwar milde, doch entschiedene Widerspruch gegen die Sonne, die ihre Peitsche über der Tageswelt und ihrer Geschäftigkeit schwingt‹. In ihm erkennt Blumenberg die poetische Erscheinung schlechthin, und sein Buch *Die Vollzähligkeit der Sterne* ist nicht zuletzt ein verlängerter gedanklicher Hymnus auf den Mond. Der Abwendung vom Kult der Sonne, der nur orthodoxe Anhänger dulde, entspricht die propädeutische Einführung in die ›Häresièn des Mondes‹. Zu den gewichtigsten Argumenten des Buches gehört der Nachweis, dass die poetische Qualität des Mondes unter der Aufklärung über seine materielle Beschaffenheit nicht nur nicht gelitten hat, vielmehr von ihr freigesetzt wurde. Die Antike, so Blumenberg, kannte keine Poesie des Mondes, erst das achtzehnte Jahrhundert hat sie gewonnen. ›Würde der Mond aus dem Repertoire unserer Stimmungen und Wünsche, aus seiner Zeugenschaft unserer Liebesnächte verschwinden, wenn unbezweifelbar geworden wäre, dass er den Vermutungen entsprach und aus Steinen bestand?‹ Der Mond, so heißt es hier mit Schopenhauer, sei ›der Freund unseres Busens‹. Er strahlt eine Lichtart aus – milde, wechselhaft in den Erscheinungen, ästhetisierbar –, die dem metaphorologischen Unternehmen gemäß ist. Dieses Licht meint nicht den Despotismus der einen und endgültigen Vernunft, sondern die Welt der ›Konjekturen und Projektionen, der *Phantasie*‹.«

Planeten als System: Joachim an Juliana

Ist es überhaupt sinnvoll, Planeten zu benennen? Würde nicht eine Nummer ausreichen, könnte man so nicht den Mythos und seine Versuchungen ein für allemal austreiben? Stephen Jay Gould ist dieser Frage in einem Gedankenexperiment nachgegangen. Offenbar wäre es sinnlos, ein bestimmtes Wassermolekül »Walter« zu nennen: Alles, was wir von ihm wissen müssen, lässt sich ohne Rest aus allgemeinen Formeln ableiten, »Walter« unterscheidet sich in nichts von anderen Wassermolekülen. Anders steht es, so setzte Gould seinen Gedanken fort, mit den Mitgliedern einer Schimpansenhorde: Ein einzelner Schimpanse kann Geschick und Geschichte seiner Horde entscheidend verändern. Dass die Primatenforscherin Jane Goodall den Tieren, die sie beobachtete, Namen gab, war deshalb kein sentimentaler Anthropomorphismus, sondern wissenschaftlich zwingend. Auf die Frage der Namen war Gould gestoßen, weil er einen Irrtum eingestehen musste. Beim Beginn der Voyager-Mission, die der Erforschung entfernter Planeten und ihrer Monde galt, hatte er eine Hypothese über die Beschaffenheit des Uranus-Mondes Miranda formuliert, die sich nach den Voyager-Fotos als falsch erwies. Gould erkannte, dass er eine Reihe von Bedingungen außer acht gelassen hatte – unter anderem die Schwerkraft des Planeten, um den die Monde kreisen. Und er zog eine merkwürdige Konsequenz: Wer Himmelskörper beschreiben wolle, müsse sich mit ihrer Geschichte beschäftigen; Planeten und Monde seien keine Folge des Immergleichen, »sie haben unableitbare Persönlichkeiten, die von der Geschichte geformt wurden«. Nicht Wassermolekülen ähneln sie, sondern Organismen. Und ihre Namen sind eine politische Aussage.

Sieben bewegliche Himmelskörper kannten die Alten. Mond, Merkur, Venus, Sonne, Mars, Jupiter und Saturn, so sind sie geordnet nach ihrer Bewegungsgeschwindigkeit am Himmel: Mond braucht 28 Tage, Saturn um die 28 Jahre, um auf seine Position zurückzukehren. Für einen Moment wollen wir ausblenden, dass seitdem zahlreiche Himmelskörper in unserem Sonnensystem hinzugekommen sind. Halten wir es wie bisher, versuchen wir, in einem ästhetischen oder soziologischen Gedankenspiel, ob wir ihnen, den »klassischen« Planeten, auf die Spur kommen. Wir wollen auf das Faktum, dass es sieben Himmelskörper waren, nicht allein vertrauen, son-

dern nach inneren Gründen suchen, warum es gerade diese Zahl war, die zur heiligen Zahl, zum numerus perfectionis *werden konnte.*

Ich habe in Ernst Cassirers Begriffsform im mythischen Denken *nachgeschlagen. Von frühen Gliederungen redet er dort, in denen »nicht nur das Ganze des Seins siebenfach gegliedert ist, sondern innerhalb der Einzelkreise sich die gleiche eigentümliche Septuarchie noch einmal wiederholt« – aber er erklärt überhaupt nichts; er, einer der besten Kenner des Mythos, scheut vor einer Wahrheit zurück, es bleibt äußerlich.*

… sieben, die sich rückwärts drehen in entgegengesetzter Bewegung zum Himmel. Eine Kugel von ihnen hat jener Stern besetzt, den sie auf Erden den saturnischen heißen. Darauf folgt jener Glanz, dem Menschengeschlecht günstig und heilsam, der Jupiter gehört, wie man sagt. Dann der rötliche und schreckliche, den ihr Mars heißt. Darauf hat darunter etwa die Mitte die Sonne inne, die Führerin, die Fürstin und Lenkerin der übrigen Sterne, die Seele und Regierung der Welt, von solcher Größe, dass die alles mit ihrem Lichte bescheint und erfüllt. Ihr folgen wie Begleiter die Bahnen, die eine der Venus, die andere des Merkur, und in dem untersten Kreis dreht sich der Mond, von den Strahlen der Sonne angesteckt.

CICERO, DE RE PUBLICA /
VOM GEMEINWESEN: SCIPIOS TRAUM

Denke Dir eine soziale Gruppe von sieben Akteuren, etwa einen Verein, unser deutsches Vereinsrecht schreibt ja sicher aus guten Gründen eine Mindestzahl von sieben Mitgliedern vor. Ich stelle mir die Sieben als die soziologische Zahl schlechthin vor. Denn die Position des Dritten, durch die überhaupt erst etwas Soziales entsteht, ist hier noch gesteigert. Einer von den sieben ist nun notwendig der, der entscheidet. Denn ein Patt kann es bei sieben nicht geben. Der Eine wird als Instanz angerufen, wenn es eine Stimmengleichheit der sechs übrigen geben sollte. Und um ihn sind auch nicht, wie bei der Position des Dritten, nur zwei Einzelne, sondern es ist eine ganze Gruppe. Wir haben also ein soziales Gebilde, dem wir komplexe Handlungsprozesse zutrauen.

Es stellt sich eine gruppeninterne Position heraus, der die definitive Entscheidung zufällt. Damit sagen wir zugleich, dass wir einer zeitlich unabgeschlossenen Welt gegenüberstehen, einer Welt des Handelns und Wirkens.

Wir finden also die Position des einen zentralen Akteurs, von dem die Entscheidung abhängt, und erst im Licht seiner Entscheidung zeigen sich die Phänomene der Welt als feste und klar umrissene. Er gibt den Ausschlag, alle schauen auf ihn, denn im Licht seiner Entscheidung wird künftig alles stehen. Er ist der Lichtende, der in seiner Entscheidung die Lichtung schafft und herstellt. Er ist das erste, das Haupt-Licht. Die Entscheidung, die er trifft, ist ein schöpferischer Akt, denn wenn sie wirklich eine Entscheidung sein soll, dann darf sie nicht als bloße Summe oder Implementierung des schon vorher Geäußerten und Gemeinten erscheinen. Also die Sonne.

Aber auch eine von Zufall und Stimmung abhängige Entscheidung kann man sich als Extremfall denken, die die Welt in ein ganz anderes Licht taucht, in eines der Milde, in das stets wechselnde Licht der romantischen Laune ohne inneren Zusammenhang. Hier steht man noch vor der Entscheidung, in einem Reich der reinen Möglichkeiten und der Stimmungen. Hier ist nichts definitiv, alles verwandelt sich, wie Traumbilder sich ineinander schieben. Hier ist der fruchtbare, empfängliche Grund, aus dem überhaupt die Möglichkeiten und Wünsche erst erwachsen, die zur Entscheidung kommen können. Der Mond.

Sofort ergibt sich der logische Gegensatz: die starre, ganz auf Regeln und Traditionen sich berufende Position, die jede Entscheidung im Grunde verneint und sie für schon getroffen hält, in einer lange vergangenen Vorzeit, in unvordenklicher Vergangenheit oder in der Natur der Dinge selbst angelegt, bleich und fern und kalt strahlend. Dieser weiß von keiner

Entscheidung und will von ihr nichts wissen, alles sei schon bestimmt und die Würfel seien längst schicksalhaft gefallen. Ewig sei das Gesetz, unabwendbar und unwandelbar, er ist sein gnadenloser Verwalter. Freiheit gibt es nur als Illusion. Noch niemals hat jemand entschieden.

Weniger mythologisch gesagt: Irgendwann ist ja auch für den freiesten Menschen einmal eine Zwangslage da, ein externer Druck, irgendwann gibt es auch eine drängende Not, der man nicht ausweichen kann. Es muss einen in der Gruppe geben, der das vertritt, was selbst nicht zur Entscheidung steht, die Grenze, auf die der Entscheider stößt; die Voraussetzungen der Natur und des Schicksals. Das also, was aller Entscheidung vorhergeht. Der Saturn.

Wäre die Reihe der Teilnehmer hier beendet, dann bliebe die Entscheidung rein abstrakt oder sogar unmöglich. Es müssen Akteure hinzutreten, die dem Entscheider die näheren Kriterien geben.

Zunächst: eine normative Position, die im Gegensatz zum Buchstaben des starren Traditionalismus den Sinn und Geist des Vereinszwecks stark macht und im herrlichsten Glanz *präsentiert – immerwährende Titanomachie, in der Jupiter über Saturn siegt. Es gibt ein heiliges Gesetz, das dem bloßen Naturgesetz widersteht, es ist formuliert in der Philosophie, der Theologie und im Recht. Es schützt die Verträge und das Gastrecht. Diese Position hat also ein ähnliches Thema wie Saturn: Das Gesetz, aber die Frage wird anders beantwortet, aus dem Geist der menschlichen Freiheit und des Rechts. Und erst jetzt kann überhaupt von einem »Handeln« gesprochen werden, das mehr ist als eine technische Umsetzung von immer schon Feststehendem. Der Jupiter.*

Nun müssen aber gegen die hohen Gesichtspunkte auch die praktischen dem Entscheider zu Bewusstsein gebracht werden. Man braucht nicht nur Normen, sondern auch Informationen und ein Nachrichtensystem. Die geforderte Entschei-

dung wird also unter rein utilitaristischen Gesichtspunkten gesehen, man stellt eine Kosten-Nutzen-Rechnung an, dabei die nötigen Nachrichten zur Erfassung und Analyse der Lage mit funkelnder, *quicker und quecksilbriger Intelligenz dem Entscheider beibringend. Jede Entscheidung erfordert eine Kenntnis der Umstände, in denen man entscheidet, und dafür ist eine profane Intelligenz erfordert, die so dem heiligen Gesetz gegenübertritt. Nun erst erschließt sich der reale, nicht bloß der gewünschte Möglichkeitshorizont der Entscheidung. Der Merkur.*

Schließlich wird die Entscheidung in einer konkreten Lage getroffen, in der sie sich gegen andere Entscheidungen behaupten muss. Damit ist die Möglichkeit des Konflikts gegeben. Jede Entscheidung trägt in sich das Risiko, auf Widerstand zu stoßen. Man braucht also einen Vertreter der bewaffneten Macht, der im Zweifelsfall die Geltung der Entscheidung durchsetzt und gegen Feinde mit eiserner Faust verteidigt. Soll die Entscheidung wirklich entscheiden, dann braucht sie Droh- und Zwangsmittel der Gewalt. Es muss also Platz für eine aggressive Rolle sein, die diese Aufgabe übernimmt und die Konfliktpotentiale der Entscheidung, feindlich-rot *strahlend, klar herausstellt. Der Mars.*

Aber man kann für die Entscheidung auch werben und zu ihr verführen. Man kann sie im schlechthin schönsten *Licht erscheinen lassen, um ihre Attraktivität zu steigern. Der strategischen Möglichkeiten, das Begehren nach just dieser und keiner anderen Entscheidung zu wecken, sind hier kein Ende. So lässt sich ein Widerstand nicht nur mit den gewaltsamsten, sondern gerade mit den sanftesten Mitteln brechen, mit einem unwiderstehlichen Magnetismus. Die Venus.*

Du siehst, wie man die Dinge anordnen kann. Du kannst das Ganze aber auch senkrecht wenden, und dann ergibt sich eine Stufenfolgfe, eine Sphärenordnung des wachsenden Ernstes, der Verbindlichkeit. Je weiter Du nach oben gehst, umso weni-

ger reversibel ist die Entscheidung. Ganz unten steht der wechselnde Mond; es folgt die Nutzenerwägung, Merkur; dann die ästhetische, die schon latent inhaltliche Kriterien anspricht, Venus; dann die charismatisch-schöpferische Position des eigentlichen Lichts der Mitte, Sonne; darüber die der Konfliktbetonung, Mars; weiter die normative, Jupiter; und schließlich die von Tradition und unausweichlicher Notwendigkeit, Saturn. Das ist der Weg von Dantes Himmelsreise.

Daraus folgt, dass man, wenn man die sieben »Akteure« beschreibt, gar nicht anders kann: Man muss sie als die Wirkenden, als handelnde Mächte auffassen. Damit sind sie etwas ganz anderes als die zeichentragenden Repräsentanten im Tierkreis. Für die Antike war das Wirken der handelnden Mächte der Überbau schlechthin, ohne den man sich Geschick und Geschichte nicht denken mochte. Saturn musste vielleicht nicht eigens erwähnt, aber unausgesprochen mitgedacht werden, weil ohne ihn Jupiter und das ganze Geschlecht der Olympier unverstanden geblieben wären. Bei Homer begegnen wir Hermes, Aphrodite, Ares und Zeus (Hera gehört zu seinem engsten Umkreis). Aber noch sind sie nicht verstirnt. Astrologie als geschrumpfte Homer-Überlieferung, das wäre eine Perspektive.

Juliana an Joachim

Nicht ungeschickt, Deine Hermeneutik des Lichts. Vielleicht lässt sie sich noch kombinieren mit einer anderen, die ich einem absolutistischen Königreich und seinen Ständen nachbilden will. In der Mitte, als Sonne, steht der Souverän – und der ist nicht nur der Entscheider, sondern auch der Schenkende, der Verausgabende. Er darf neben der Prachtentfaltung gar kein anderes Gesetz kennen.

Wenn er also die reine Verausgabung ohne Kalkül ist, dann stehen seinem Herzen zunächst seine Soldaten und seine

Mätressen: Mars und Venus. Sie besorgen das Geschäft der Mehrwertverausgabung und -vernichtung mehr im Detail, der eine durch Zerstörung, die andere durch Luxus.

Erst dann tritt auf der einen Seite das Bildungswesen ein, mit Schulen, Instrumentenbau, Gelehrten und ihren Schriften, hier erst entsteht ein verständiges Rechnungswesen, eine Ökonomie im Sinne von Haushaltung, die merkurische Welt.

Und auf der anderen Seite findest du die »joviale«, jupiterhafte Nobilität, den geistlichen Stand, hohe Kirchenfürsten, die Oberschicht mit ihrer Passion für die Jagd.

Schließlich, dem Souverän am weitesten entfernt, die Saturnier, bei denen von den Gaben nichts mehr ankommt, das verarmte und gedrückte Volk bis zu den Bettlern hinunter, auch die Unzufriedenen mögen sich dort sammeln.

Mond – das wäre die Königin vor allem, die mit ihrer Milde scheint und angenehm wird: ein silberner Glanz, der nicht blendet.

Joachim an Juliana

Es gibt noch eine weitere Systematik. Denke Dir ein männliches, ein zeugendes Prinzip: die Sonne, und ein empfängliches, weibliches, den Mond, und Du kommst auf ein Lebendiges. Ihm gegenüber stehe ein völlig Lebensfeindliches, Vernichtendes: der Saturn. Wäre dies alles, was am Himmel herrschte, dann wäre das Lebendige, kaum auf der Welt, schon wieder gefressen und tot. Nun aber bildet es Geschicklichkeiten aus und Techniken, Klugheit, bezeichnet durch Merkur, und von der anderen Seite her stellt sich gegen Saturn ein nicht mehr lebensfeindliches, sondern lebensschützendes Gesetz: Jupiter. Schon sind die Chancen des Lebendigen gewachsen, eine unwirtliche Umwelt zu bewältigen. Nun aber muss es sich gegen anderes Lebendiges im Kampf bewähren, gegen anderes, das ihm seinen Raum streitig machen will, wie es unter den begrenzten Bedingungen ja naturgemäß der Fall ist: Mars. Und schließlich muss das Lebendige die besten verfügbaren Sexualpartner anziehen: Venus hilft.

Es ist eine evolutionäre Ökonomie darin, die selbst dem Saturn noch sein Recht gibt: Ohne ihn, ohne den Druck eines Begrenzenden, wäre das Lebendige nicht zur Ausbildung seiner Kräfte genötigt; zur besten Form kommt es erst, wenn es sich in schwierigen Lagen behaupten muss.

Und merkwürdig: Erst wenn du die Planeten nach dieser Regel auf die Tierkreiszeichen verteilst: Mond-Krebs, Sonne-Löwe, Merkur-Zwillinge/Jungfrau, Venus-Stier/Waage, Mars-Widder/Skorpion, Jupiter-Schütze/Fische, Saturn-Steinbock/Wassermann – erst dann bildet sich eine symmetrische Achse, die schräg liegt, entlang der Linie, die oben den Steinbock vom Wassermann und unten den Krebs vom Löwen trennt.

Juliana an Joachim

Dann wären der Handlungsprozess und der Lebenskampf nur zwei verschiedene Ansichten der Sache, zwei unterschiedlich geführte Schnitte durch die planetarische Substanz; nennen wir sie: »Geschichte« und »Biologie«. Und so ist es wohl, solange kein höheres Licht in den Menschen hineinstrahlt. Der Sinn der Siebenzahl wäre damit erfasst: Sie stellt die Bedingungen des Könnens dar, einer virtù. *Und nun erst kann man ermessen, warum die Alten so sehr an den beiden Zahlen Sieben und Zwölf hingen: Wo sie nicht auftraten, da musste ihnen eine verwirrte, anarchische Welt erscheinen, und darin Menschen ohne Handlungsfähigkeit und Bestimmtheit. Eine verfasste Welt musste sich in einer symbolischen Ordnung der Zahlen darstellen.*

ZWISCHENBILANZ MIT PLATON

Theodora war nun ganz in der Sache und gab uns ihre philosophische Deutung: »Es ist Zeit für eine Reflexion der Dinge, die wir gefunden haben. Platon stellt im fünften Buch der *Gesetze* die Frage nach der angemessenen Zahl der Bürger des idealen Staats: ›Gewiss muss jeder Gesetzgebende so viel über die Zahlen erkannt haben, von welcher Größe und Beschaffenheit eine Zahl sein müsse, um sich für jeden Staat als die brauchbarste zu erweisen.‹ Die Antwort gibt er fast beiläufig: ›Fünftausendundvierzig nun seien es, um eine passende Zahl anzugeben, welche Grundbesitzer sind und das Land verteidigen.‹ Die Begründung für gerade diese Zahl lautet, dass sie in einem besonders hohen Maße teilbar ist: Fortlaufend durch die Zahlen 1 bis 10, zudem noch durch viele andere, mithin für die Einteilung der Bevölkerung sowohl im Krieg wie im Frieden, für Steuern und Verteilungen, höchst praktikabel.

Gibt es noch eine andere Begründung für diese politische Zahl? Man muss zunächst die schon von Georg Simmel gestellte soziologische Frage nach der ›zahlenmäßigen Bestimmtheit der Gruppe‹ überhaupt beantworten können. Simmel allerdings beschränkte sich auf kleine Zahlenwerte, etwa eine Gruppe von drei Akteuren, um dabei die vieldeutige Rolle des Dritten zu profilieren. Für die hochkulturellen, ungemein verbreiteten Schlüsselzahlen Zwölf und Sieben hatte Simmel dagegen keinen rechten Blick – dabei wäre er wohl überrascht, wenn er feststellte, wie viele Gremien auch heute noch, wie vor Tausenden von Jahren, mit zwölf oder sieben Mitgliedern besetzt werden. Wer mit den Suchworten ›sieben

Mitglieder‹ oder ›*seven members*‹ googelt, wird sogar im Beirat der amerikanischen Federal Reserve fündig.

Gibt es für diese Vorliebe eine vernünftige Begründung? Unsere Vermutung war: In einer Gruppe von sieben Akteuren ergeben sich zwingend wechselnde Mehrheiten; es reicht, wenn einer die Position und die Meinung wechselt, um eine neue Entscheidungssituation herzustellen. Eine Gruppe von sieben Teilnehmern ist durch strukturell knappe Mehrheiten also innovationsfördernd und ereignisgenerierend. Stagnation ist schon von der reinen Teilnehmerzahl her ausgeschlossen. Die Zwölf dagegen erschien uns stabilisierend, als ideale Zahl eines repräsentativen Gremiums, eine Zweidrittelmehrheit ist nicht nur möglich, sondern fast das ideale Beschlussergebnis. Wo die Sieben als innovatives Element wirkt, ist die Zwölf ein Faktor des beharrenden Zusammenhalts. Die beiden Schlüsselzahlen ergeben in ihrer Kombination das Bild einer idealen Organisation, in der sowohl Evolution als auch Bewahrung ihre Rolle spielen können. Ein idealer Staat, wie ihn Platon entwarf, musste natürlich schon in seiner zahlenmäßigen Ästhetik vollkommen sein – und mit der Idealzahl wird er zur geschlossenen Utopie, zu einer politischen Insel, nach der schönen Formulierung von Hans Freyer. Zwölf Bezirke sollte das in den *Nomoi* erdachte Gemeinwesen haben – das war antikes Gemeingut der Verfassungslehre.

Aber warum gerade 5040 Bürger? Die Analyse ergibt, dass die Zahl 5040 das Ergebnis einer einfachen Rechenoperation ist, nämlich »7 Fakultät«, geschrieben 7! – also 1 mal 2 mal 3 mal 4 mal 5 mal 6 mal 7. Zugrunde gelegt ist also die Zahl der Innovation, des Ereignisses und seiner Generierung. Aus dieser wird ein Maximum abgeleitet, eine gesteigerte Sieben. Denn sieben Akteure haben genau 5040 Möglichkeiten, sich ›aufzustellen‹, ›Position zu beziehen‹. Anders gesagt: Nimmt man sieben handlungsleitende Motive an, dann ist in einer Gemeinde von 5040 Bürgern dafür gesorgt, dass sie bei jedem einzelnen anders konfiguriert sind. Platons Polis war also ganz im Sinne der Idealorganisation, der vollständigen Symbolisierung entworfen, in der Stabilität und Wandel vorgesehen waren. Nur freilich: Das Primat lag hier bei der politischen Organisation, nicht beim einzelnen – der Staat war ein Zweck in sich selbst. Überspitzt gesagt: Der platonische Staat sollte für die Orientierung seiner Bürger etwas den Religionen Vergleichbares leisten, er gab die Antwort auf jede nur denkbare Lebensfrage, vor allem war er ein Züchterverband, der Partnerwahl und Erziehung regelte. Er bietet das Gegenmodell zur alttestamentlichen Theokratie: War dort die Politik eine Funktion des göttlichen Willens, so wurden hier Götterlehre und Kult zu Funktionen des Staates. Deshalb ist die Idealgestalt des platonischen Gemeinwesens auch seine Grenze.

> *Als die Ägypter frei geworden, nach der Herrschaft der Priester des Hephaistos, setzten sie – waren sie doch keinen Augenblick imstande, ohne König zu leben – nun zwölf Könige über sich und teilten ganz Ägypten in zwölf Gaue auf. (...) Bei den Ägyptern gibt es nun sieben Kasten, und das sind ihre Namen: die Priester, die Krieger, die Rinderhirten, die Schweinehirten, die Krämer, die Dolmetscher, die Schiffer. Das sind die sieben Kasten der Ägypter, und ihre Namen haben sie von den Berufen.*
>
> HERODOT, HISTORIEN, ZWEITES BUCH

Aber versteh mich nicht falsch: In keinem Fall will ich behaupten, die Astrologie habe diese Ordnungsvorstellung beeinflusst, das wäre ganz unhaltbar. Nur so viel scheint mir evident: dass all diese Bildungen der vollständigen Symbolisierung, wie ich die Organisationen nach den Zahlen Sieben und Zwölf nennen möchte, und unter ihnen eben auch die Astrologie, für die Gesamtantike als das Muster schlechthin gelten konnten. Wer, sagen wir, seit 1000 v. Chr. mit dem Anspruch auftrat, eine sinnvolle Ordnung entworfen zu haben, der musste zusehen, dass die ›guten‹ Zahlen darin eine strukturierende Rolle spielten – schon um sich verständlich zu machen.

Es stimmt übrigens nicht, was das Grimmsche Wörterbuch sagt: dass die Hochschätzung der Sieben erst aus dem Raum Babylon-Chaldäa und Israel in die Welt gekommen sein. In den Hymnen des Rigveda, die um 1000 v. Chr. fixiert wurden, ist die Sieben schon neben und mit der Zwölf an genau dem prominenten Platz wie später.«

A cette masse imposante des traditions antiques, il faut ajouter toute la théorie de l'astrologie judiciaire, qui a déshonoré sans doute l'esprit humain comme l'idolâtrie; mais qui sans doute aussi tient comme l'idolâtrie à des vérités du premier ordre, qui nous ont été depuis soustraites comme inutiles ou dangereuses, ou que nous ne savons plus reconnaître sous des formes nouvelles.

JOSEPH DE MAISTRE, LES SOIRÉES DE SAINT PETERSBOURG, NOTES DU ONZIÈME ENTRETIEN

»Es gibt aber auch«, fuhr nun Joachim fort, »eine viel näher liegende Systematik, die auf den Zahlen Sieben und Zwölf beruht: Das ist die bürgerliche Zeitrechung nach den Tagen der Woche und den Monaten des Jahres. Aber eines darf man dabei nicht übersehen: Die Woche nimmt die Planetennamen zwar auf, aber nur, um ihre Ordnung sogleich einer anderen Logik zu unterwerfen. Nicht folgen auf den Mond der Merkur und dann die Venus, wie es nach der Umlaufsgeschwindigkeit sein müsste. Nein: die Folge ist Sonne (Sonntag), Mond (Montag), Mars (*mardi* im Französischen), Merkur (*mercredi*), Jupiter (*jeudi*), Venus (*vendredi*) und Saturn (*Saturday* im Englischen). Das ist erst spät ins Abendland gekommen, der römische Historiker Dio Cassius hat das Schema beschrieben.

Es hört sich etwas kompliziert an, ist aber doch recht einfach. Nimm an, der Tag hat vierundzwanzig Stunden. Und nimmt weiter an, jede Stunde sei einem Himmelskörper zugeordnet, und die Zählung beginne bei Saturn, die zweite wäre die Stunde des Jupiter, die dritte die des Mars, die vierte der Sonne, die fünfte der Venus, die sechste des Merkur, die siebente des Mondes. Also von ›oben‹ nach ›unten‹ zählt man. Und dann zählt man einfach weiter, die achte gehört also wieder dem

Saturn. Und nun kommst du, nach vierundzwanzig Stunden, wenn der neue Tag beginnt, auf die Sonne als Herrscherin der ersten Stunde. Will sagen, auf den Samstag, den *Saturday*, folgt der Sonntag. Und der nächste Tag beginnt mit der Stunde des Monds, es ist also der Montag. Sicher ein merkwürdiges Verfahren, die sieben Planeten zu verteilen. Die eigentliche astrologische Logik der mythischen Mächte ist gebrochen. Und nun denke dir den ›Menschen‹ der Woche. Er ist nicht schicksalsbestimmt wie der horoskopische. Die Planeten geben nur die Namen, aber der Sinn ist ein ganz anderer, die Woche regelt den Rhythmus von Arbeit und Kult. Auch die Monate sind unmythisch, und so sehr sie ursprünglich auf römischem Kult beruht haben mögen, sind sie keine Schicksalsherrscher, keine Tierkreiszeichen. So ist der ›Mensch‹ der Woche ein ganz transparenter, lauterer, der über Arbeit und Frömmigkeit bestimmt ist, über Werk und Gnade, wenn man will. Jetzt erst erkennst du, warum es manchem bei der Astrologie doch auch unheimlich zu Mute werden kann: Sind es nicht Tierfratzen und Götzen, aus denen wir das Geschick freier Menschen lesen wollen? Antike – ja, durchaus, aber in ihrer dämonischsten Erscheinung?«

»So wäre es doch nur«, beruhigte ich die Freunde, »wenn wir die Willensfreiheit völlig leugnen wollten. Man kann aus dem Horoskop zwar nicht seitlich herausspringen in ein anderes, man wählt das Geschick nicht nach eigenem Belieben, aber nach oben und unten sind dem freien Willen keine Grenzen gesetzt.«

Lektürehinweis

PLATON, Nomoi. Insel-Verlag, Frankfurt am Main 1991

ENDLICH: URANUS, NEPTUN UND PLUTO

»Nun hast du uns«, meinte Astrid in Gelnhausen, nach dem Besuch in Barbarossas Kaiserpfalz, »so sehr auf die idealen, die heiligen, die Verfassungszahlen eingeschworen, dass endlich einmal das Geständnis folgen muss, was es nun mit den neuen Planeten auf sich hat, die den Alten noch nicht bekannt waren, weil man sie nicht mit bloßem Auge, sondern nur mit Fernrohren sehen kann, mit Uranus zum Beispiel. Er war doch der erste, der das schöne, geschlossene Zahlen- und Sternengebäude der Antike sprengte.«

»Genau so ist es«, sagte Joachim. »Der britische, aus Deutschland stammende Astronom Wilhelm Herschel entdeckt ihn 1781. Da tritt einer auf, der nicht mehr zu diesen Sieben gehört. Und wie tritt er auf? Seiner Position entsprechend just als einer, der die bisher geltenden, für ewig gehaltenen Regeln des Spiels und der Entscheidung außer Kraft setzt. Wir sehen eine Erschütterung im System, im Verlauf, in der Prozedur. Das, womit keiner gerechnet hat und rechnen konnte, zu behaupten, und zwar durch seine bloße Präsenz – das ist die Rolle des Uranus. Es ist die der Revolution, der ›Neuen Welt‹, des *novus ordo saeculorum*, wie es auf dem Dollarschein steht. 1781 erkämpften sich die Amerikaner ihre Unabhängigkeit, nur feiern sie ihren Jahrestag nach der Erklärung von 1776. Ins Werk gesetzt wurde mit der Entdeckung des Uranus eine Mythos-Revolution, und der Sieg der realen amerikanischen ließ dann auch nicht lange auf sich warten, als Uranus 1781 einmal entdeckt war und im selben Jahr die britischen Truppen in Yorktown kapitulierten. Uranus *sagt* mithin, logisch-astrologisch gesprochen: So, wie man bisher handelte, kann es jedenfalls nicht das letzte gewesen sein. Er stellt die Bedingungen überhaupt in Frage, unter denen entschieden wurde. Jetzt bildet sich eine neue Welt, die gegen die alten Mächte antritt und gar nicht anders kann, als sich gegen diese zu definieren.

♅

Uranus im Horoskop bedeutet also: Neue Akteure treten auf. Neue, revolutionäre Maßnahmen müssen erwartet werden. Die alten Privilegien gelten für abgeschafft; nun beginnt die ›Moderne‹ wirklich. Mit Umwertungen, mit Technik, und natürlich auch mit größeren Risiken. Der vom Uranus geprägte Mensch tritt in die Welt mit einer besonderen, geradezu erschütternden Intelligenz und Geisteskraft, vor der das Gegenwärtige nicht bestehen kann. Er will den radikalen Bruch mit der Geschichte. Aus der Zukunft zieht er seine Legitimation. Er ist frei in einem neuen, beispiellosen Sinn, mit zugespitzter Individualität. Im Geburtsbild macht sich der Uranus durch Unruhe und Nervosität bemerkbar, durch ein sehr verletzliches seelisches Gleichgewicht, das eher krisenhaft aufgewühlt ist. Eine in ihren Grundlagen veränderte Lebenswelt ist ein uranisches Erlebnis. Das, was außerhalb der bisherigen Ordnung lag, ermächtigt sich zum Subjekt. Man hat, als Uranus einmal entdeckt war, ihn und nicht mehr den Saturn als Planetenherrscher des Zeichens Wassermann eingesetzt, Uranus ›spiegelt‹ sozusagen den Saturn.

Für die alte Astrologie endete alles mit Saturn, mit der schicksalhaften Bestimmung. Von Uranus kann man nun sagen, dass er den Menschen seiner Bestimmung entreißt und ihm eine neue Sprache verleiht. Banaler gesagt: Sozialer Wandel provoziert eine Neudeutung der eigenen Biographie. Alles wird ins

Alfred Kubin: Uranus

blitzartig Aufgehellte und Überwache verwandelt, es gibt ein Überspringen in Bewusstheit. Ja man möchte von einer unirdischen, fremden Erscheinung sprechen, deren Voraussetzungen wir nicht kennen. Das Gefährlich-Neue tritt auch in technischer Gestalt auf. Andererseits kann er, gut gestellt, die plötzliche Förderung bedeuten. Wo Uranus in starker Position steht, erwartet man geschichtsmächtiges revolutionäres Handeln im großen Stil. Uranus hat die Kraft, das Sichere in eine Krisis zu bringen. Im Liebesleben, wenn er die Venus aspektiert, sorgt er für Stichflammen, aber auch für ungewöhnliche Erlebnisse, er kann mit der Identität auch die Geschlechterrollen verwirren. Es ist ein bisschen wie bei Shakespeare, wo der Gestus herrscht: ›Stell dir, vor, es wäre so …‹«

»Der Name Shakespeare fällt nun gerade zur rechten Zeit«, warf ich ein. »Die Monde des Uranus sind nämlich nach einem Programm benannt, das sich vom antiken grundlegend unterscheidet. Sie alle – inzwischen sind es siebenundzwanzig Trabanten – tragen ihre Namen nach Geistern, Kobolden, Feenwesen und Frauen aus den Dramen Shakespeares; zwei aber, Belinda und Umbriel, nach dem *Lockenraub* des witzigen Alexander Pope, einem Dichter des frühen achtzehnten Jahrhunderts, der in seinem kurzen Versepos die Narreteien schilderte, deren die Liebe fähig ist. Ariel und Miranda aus dem *Sturm* gehörten zu den ersten, noch von William Herschel selbst entdeckten Monden. Oberon und Titania kamen aus dem *Sommernachtstraum* als nordisch-elfenhafte Schutzpatrone der Liebe. Damit war das bis dahin gültige Namensprogramm, das sich aus der klassischen Mythologie herschrieb, gebrochen, und die Neuzeit begann auch am gestirnten Himmel. Kürzlich sind dank der Leistungen des Hubble-Teleskops zwei neue Monde hinzugekommen: Mab, die koboldisierende Feenkönigin, und Cupido. Man könnte denken, Cupido sei ein mythologischer Allerweltsname – warum also kommt er jetzt zur Ehre der Verstirnung? Die Antwort finde ich im ersten Akt von *Romeo und Julia*. Mercutio und Benvolio, zwei Freunde des Verliebten, sind mit diesem in einem launigen Gespräch begriffen. Benvolio rät Romeo, sein Glück beim nächsten Mädchen zu versuchen, wenn die erste nicht will: ›Wir brauchen keinen Cupido, mit einer Schärpe von Flittergold und einem gemalten Tartarbogen von Schindeln, der die armen Mädchen, wie ein Vogelschreck die Krähen, zu fürchten macht.‹ Und als Romeo in einem Wortspiel klagt, seine Sohle/Seele (*sole/soul*) sei bleischwer, da sagt ihm wiederum Benvolio: ›Ihr seid ein Liebhaber, borgt dem Cupido seine Flügel ab, und schwingt euch damit empor.‹ Dann aber, als Romeo seinen Traum der letzten Nacht erzählen will, mischt sich Mercutio ins Gespräch. ›O, dann seh‹ ich, dass ihr einen Besuch von der Königin Mab gehabt habt. Sie ist die Hebamme der Phantasie, kommt bei Nacht, ist nicht größer als ein Agatstein am Zeigefinger eines Aldermanns, und fährt euch mit einem Gespann von kleinen Atomen über die Nasen der Schlafenden hin.‹ Zart und winzig ist sie, und wessen Hirn von ihr berührt wird, träumt von der Liebe. Sie fährt ›über die Lippen der Damen, die stracks von Küssen träumen, aber oft von der erzürnten Mab mit Hitzblattern gestraft werden, wenn ihr Atem nach parfümiertem Zuckerwerk riecht.‹ Und sie legt sich nachts auf die Mädchen, ›auf dass sie tragen lernen‹, wie Mercutio etwas unanständig (und von Wieland unübersetzt) sagt. Um Uranus also kreisen sie alle: Die schönen und launischen Frauen, die wir lieben, die mal zarten, mal deftigen und manchmal närrischen Hilfsgeister der Liebe. Aber auch ihre bösen Gegenspieler, der Vergewaltiger Caliban und seine Mutter, die Hexe Sycorax. Als Friedrich Schlegel eine »moderne Mythologie« forderte, hatte ihre Plazierung am Himmel gerade begonnen. Und ihren Kanon finden wir in dem schönen Essay von Heine: *Shakespeares Mädchen und Frauen*.«

»Aber kann man diese Welt«, fragte Theodora, »überhaupt noch eine mythologische nennen? Pope, der den Umbriel in diesen neuen Kosmos hineinbrachte, nennt die Welt seiner Elementargeister schlicht und technisch ›machinery‹, und das ist ein Wort, das poetologisch gemeint ist, aber schon ganz nach industrieller Revolution klingt.«

»Jedenfalls«, meinte der Politikus Joachim, »ist die kosmische Namenspolitik nicht mehr auf die Antike eingeschworen, sondern in diesem Fall auf die anglophone, neuzeitliche Literatur. Herschel wollte den Uranus ja zunächst ›Georgsstern‹ nennen, nach seinem König, aber das ließ sich nicht durchsetzten. So blieb für den Patrioten nur die Huldigung an die englische Literatur und ihre Figuren in der astralen Nebenrolle der Trabanten.«

»Eines aber ist an dieser Sondermythologie doch auch typisch für den Uranus«, ergänzte Juliana, »und passt zu ihm: Hier vernehmen wir Geisterstimmen und -klänge, die Rede kommt spukhaft aus einem fremden Raum. Und dann ist doch sehr charakteristisch für Shakespeare dieser Möglichkeitssinn, der so ganz der Schicksalsbestimmtheit widerstreitet, übrigens auch in den Geschlechtervertauschungen seiner Romanzen. Und dann der *Sturm*! Er ist ja die Verherrlichung der maritimen Expansion und der britischen Seeherrschaft, Ariel, auch er ein Mond des Uranus, holt den ›Tau von den Bermudas‹.«

♆

»Nun«, fuhr Joachim fort, »war der erste Schritt zum Bruch mit der ehrwürdigen Siebenzahl getan, 1846 folgte die Entdeckung des Planeten Neptun auf einer noch ferneren Umlaufbahn. Neptun ist das Meer, so wie Uranos der Himmel ist. Die Lösung vom Boden hat schon stattgefunden, jetzt wird auch noch der Grund schwankend, auflösend, gewaltig-bewegt und tief. Uranus hatte eine völlig neue Lage bedeutet, Neptun zieht

Alfred Kubin: Neptun

die Konsequenz. Man kann, wenn man Neptun deuten will, zwanglos vom Namen ausgehen. Denkt nur an das *ozeanische Gefühl*, von dem Sigmund Freud gesprochen hat, und das er ›ein Gefühl der unauflösbaren Verbundenheit, der Zusammenhänge mit dem Ganzen der Außenwelt‹ nannte. Romain Rolland hatte in einem Brief an Freud von diesem Gefühl gesprochen, das er ›die Empfindung der *Ewigkeit*‹ nennen wollte, ›ein Gefühl wie von etwas Unbegrenztem, Schrankenlosen, gleichsam *Ozeanischen*‹. Die erste Wirkung Neptuns im Horoskop ist *dieses* Gefühl.

Der Name hat uns der Sache näher gebracht, und überhaupt ist es das größte Wunder der Astrologie, dass die Namen stets passen, ob sich die Menschen der Sache nun bewusst waren, wie man es bei den Alten annehmen muss, oder ob sie einer Bildungsüberlieferung folgten, wie es bei Uranus der Fall war, der einfach die Folge fortsetzte – Saturn war der Vater von Jupiter und stand weiter von der Sonne entfernt, noch weiter war draußen der neu entdeckte Planet, den man folglich nach dem Vater des Saturn benannte. Aber dann ging es anders weiter. Neptun und Pluto waren Brüder Jupiters, die sich mit ihm die Sphären abgegrenzt hatte: Neptun beherrschte das Meer, Pluto die Unterwelt.

Ich denke hier an die bekannte Anekdote vom klugen Bauern: »Ich verstehe«, sagte dieser, »dass man die Sterne zählen und die Entfernungen zwischen ihnen feststellen kann, aber sagen sie mir um Gottes willen«, fragte er den Astronomen, »wie haben Sie ihre Namen herausbekommen?« Ich will damit sagen, die Namen der Sterne sind nicht weniger Produkte schöpferischer, kultureller Anstrengung wie die Entfernungen zwischen ihnen und das Gravitationsgesetz.

PAWEL FLORENSKI, HOMO FABER

Neptun also bedeutet eine Entgrenzung. Der Weltgehalt wird verfeinert, was man hier wahrnimmt, das Ozeanische, geht weit über das Zeugnis der Sinne oder der gewohnten Zusammenhänge hinaus. Irdisch ist das nicht mehr ganz zu fassen, auch die Schönheit kann bei einem Venus-Aspekt überirdisch anmuten. Das mag beim schlechten Aspekt auch als große Täuschung erscheinen, als illusionärer Rausch, in dem sich die Unterschiede auflösen, da wird dann das Diesseitige ruiniert, nicht durch Druck wie bei Saturn, sondern durch irrationale Weiterungen, und wenn man dem etwas Positives abgewinnen will, dann als Voraussetzung eines Übergangs. Kontakte nach ›drüben‹ sind nicht selten; auch nicht das Subversive, leise Unterspülende der Dinge. Neptun könnte man als den ›gespiegelten‹ Jupiter verstehen: An die Stelle des heiligen Gesetzes treten die moralischen Krisen, die durch die neue, nachrevolutionäre Lage virulent werden. Da reicht das alte Gesetz des Zeus nicht mehr aus. Im neunzehnten Jahrhundert beginnt im großen Stil eine globale Mitleidsmoral, eine Ethik des Mitfühlens, eine Leidensbereitschaft. Der Boden schwankt, und die Menschen werden psychisch sensibler, ja sie entdecken sich jetzt erst als ›psychologische‹ Wesen, denn als Befreite, autonom Gewordene können sie gar nicht anders – sie müssen sich neu zu deuten lernen. Uranus revolutionierte die Lebensordnungen, Neptun löst sie auf. Uranus brachte Technik, Neptun führt den Geheimlehren Adepten zu. Wenn Uranus außerhalb der irdischen Schwere steht, dann Neptun außerhalb des irdischen Haltes. Die Hierarchien zerfallen. Positiv könnte man sagen, die Rezeptivität löst sich vom materiellen Träger der Botschaft. Der Name Neptun, aber auch die Sache, für die er steht, hat es mit sich gebracht, dass man heute ihm und nicht mehr dem Jupiter das Zeichen der Fische zuordnet.«

P

»Schließlich bleibt uns noch Pluto«, warf ich ein. »Uranus, das war der Himmel. Neptun bedeutete das Meer. Schon damit war dem Denken in Landmassen und Kontinenten ein Gegenstück erwachsen und eine neue Welt entstanden: Künftig waren Land und Souveränität nur noch Momente in einer feinstofflicheren, weniger schweren, weniger massiven Relation; von Luft und Meer aus gesehen keine Substanz eigenen Rechts. Luft- und Seeherrschaft waren nun wichtiger als die Beherrschung von Territorien. Du siehst, wie auch hier Verfassungsfragen hineinspielen. Um die Zeit, als Pluto 1930 von einem Amerikaner entdeckt wurde, gab es in der deutschen Wirtschaftswissenschaft eine Debatte über das ›Plutonische‹. Denn der Altmeister der Kapitalismustheorie, Werner Sombart, hatte das Entscheidende der neuen Ökonomie darin gesehen, dass sie sich, mit den Energiespendern Kohle und Öl, an die Ausbeutung des Erdinneren machte. Da kamen der griechische Pluto-Hades, zuständig für die Unterwelt, und der römische Schätzegott Plutus zusammen. Und auf diesen Begriff des Plutonischen, der sich bei Sombart selbst noch nicht fand, brachte der junge Ökonom Arthur Salz damals den theoretischen Ertrag der Diskussion. So scheint auch der Planet Pluto mit Uranus und Neptun eine Trias der Moderne zu bilden: Künftig würden nicht Nationen entscheidend sein, sondern die internationale, von See- und Luftüberlegenheit gestützte Ausbeutung der Bodenschätze. Pluto im Horoskop zeigt an, welche Kräfte, die im Innern schlummerten, nun freigesetzt werden sollen. Kürzlich ist Pluto herabgestuft worden. Kein Planet mehr, nur noch den minderen Status eines Zwergplaneten darf er beanspruchen. Aber glaube keiner, dass sich damit auch das Plutonische in der Weltpolitik schon verzwergt hätte.«

»Es sind noch zwei andere Worte«, meinte Astrid, »in denen ich ein Echo des Pluto höre: Plutonium und Plutokratie. Sie weisen, wie das Plutonische, auf einen Entwicklungsstand des Kapitalismus. Plutokratie ist ein Kampfbegriff und meint die krasse Geld- und Finanzherrschaft; das Plutonische bedeutet die Mobilisierung tiefer Energien, die Plutokratie ihre Übersetzung in den Markt, Plutonium schließlich steht für eine neue, hochriskante Epoche der Weltpolitik. Es gab eine Zeit, sie ist noch nicht lange her, da man vor einem ›Plutonium-Staat‹ warnte. Merkwürdig, dass im periodischen System der Elemente Uran, Neptunium und Plutonium genau so aufeinander folgen wie die Planeten am Himmel. Alle drei gehören zu den radioaktiven Metallen und zeigen insofern eine besondere Gefahr an. Die alte Welt der Hochkulturen war auch die der Metallurgie: Man beherrschte Schmelztechniken für Gold (Sonne), Silber (Mond), Kupfer (Venus), Zinn (Jupiter), folglich auch Bronze als Kupfer-Zinn-Legierung. Quecksilber musste man nicht erst schmelzen, aber ganz spät erst trat das Eisen (Mars) hinzu. Das war die Welt der Klassengesellschaften. In der Steinzeit kann Mehrwertaneignung keine große Rolle gespielt haben, man bekam vielleicht mehr bemaltes Holz ins Grab gelegt, und damit hatte es sich auch schon. Erst Edelmetalle führten wirklich in die Epoche der Klassengesellschaften ein, man kann auch sagen, in die Hochkulturen. Nun, mit den neuen Metallen, den radioaktiven, betritt man einen neuen weltgeschichtlichen Raum, die Hochkulturen sind eine vergangene, jedenfalls nicht mehr unangefochtene Gestalt.«

»Nimm nun«, so wieder Joachim, »die drei neuen Planeten zusammen, und du siehst eine positive Unruhe über die Völker kommen, die in den Weltmarkt eintreten. Sie mobilisieren ihre Ressourcen und Fähigkeiten, aus ihrer alten Verfassung werden sie aufgestört. Denn neue Leistungen sind ihnen abverlangt. Manche steigen jäh auf, andere versinken im Chaos, Chancen und Verelendungsrisiken wachsen im gleichen Maß, das gehört zur neuen Mobilität. Auf diesem Weltmarkt treffen die Völker nun wirklich aufeinander, und so kommt Bewegung in die Geschichte. Einmischungen von außen in die Kultur werden geradezu der Normalfall. Neue Machtgruppen tauchen auf, neue Akteure, die Geltung beanspruchen. Die bisherigen Entscheider werden mit Situationsdeutungen von Fremden konfrontiert, sie werden von außen beobachtet, interpretiert, in ihrer Selbstdeutung damit verunsichert. Die Bande lösen sich rein durch das Hinzutreten von drei neuen zu den sieben alten Mächten. Das Gemeinsame wird nun ein Abstrakteres, weil die Regeln neu begründet werden müssen.«

ELEMENTE UND STUFEN

»Lasst uns von den Elementen reden«, sagte Theodora, »sie liegen mir ja von der antiken Philosophie her nahe genug. Die Zeichen des Tierkreises bilden Gruppen. 12 ist durch 4 teilbar, dann erhält man Gruppen mit jeweils drei Zeichen, die ein regelmäßiges Dreieck bilden. Widder, Löwe und Schütze die eine; Stier, Jungfrau und Steinbock die zweite; Zwillinge, Waage und Wassermann die dritte und Krebs, Skorpion und Fische die vierte. Und schon spürst du, dass die Atmosphäre, das Klima in den Gruppen irgendwie ähnlich ist. Man hat sich angewöhnt, hier von den Elementen zu sprechen. Ein Element ist eben nicht absolut *eins und Einzelheit*, sondern das erste Ganze, das in sich zurückgeht. Es ist nicht punktförmig wie das Atom. Und deshalb ist die Zahl der Elemente begrenzt. Die Griechen gehen von den Elementen aus, ihre ersten Philosophen denken das Element und vom Element her. Das Element ist seinem Begriff nach rein und unvermischt. Element ist ein Gedankliches, nach dem Mythos die erste Station des Logos, die erste Leistung der Abstraktion. In den Elementen wird die Welt als Natur ausgelegt.«

»Ja, und nun mitten hinein«, sagte Astrid, »die Reihenfolge will ich aber zunächst anders festlegen. Wir finden als erstes das Element, in dem die Momente als völlig gebunden erscheinen, und nennen es: Erde. Alle Energie wird aufgewandt, um innere Festigkeit zu konstituieren, Dichte und starre Form, die absolut undurchdringlich ist. Die Tätigkeit ist ganz nach innen gerichtet. Ins Leben übersetzt, bedeutet Erde das, worin eine Kultur unveränderlich ist und sein will, das, was ihr als Natur erscheint. Man vollzieht eine starke Unterscheidung nach außen, ist zum anderem hin begrenzt. Der partikulare kulturelle Standort wird festgehalten; im guten Fall findet man eine verfeinerte Tradition. Aber alles trägt das Siegel des Partikularen, dem andere Partikulare fremd bleiben. Der Mensch, bei dem diese Zeichen markant betont sind, wird Abstand und Grenze achten, er sieht sich in unveränderlichen Verhältnissen von Macht und Unterwerfung. Man wird vielleicht auch das Schwerblütige, Melancholische bei ihm finden, einen *amor fati*. Jedenfalls definiert er sich zunächst einmal als ein Wesen *dieser* Erde. Erkenntnis heißt hier vor allem die der fassbaren Sinneswelt und der Gesetze, nach denen sie verfugt ist.

Das Element des Wassers bedeutet, dass die eben noch gebundenen Kräfte sich gleichsam in einer Regression, in einem Schmerz lösen und in Bewegung kommen, wenn auch zunächst nur in eine passive. Es ist der Prozess der Auflösung selbst, den wir beobachten. Der Mensch erfährt sich in Verwandlungen, denn Wasser als Tätigkeit heißt eben: Fließen, dem Strom folgen. Und wo die Erde ganz und gar sachlich war, erscheint nun das Geheimnis als solches und wird imaginativ aufgefasst. Die Unruhe der Seele ist nicht nur psychologisch zu verstehen, sondern auch Sünde und Leid sind hier sehr nah. Wasser fragt immer ›woher‹ und ›wohin‹, Wasser ist ein Weg und ein Suchen. Vielleicht nach verlorener Heimat. Weg heißt auch Versuchung und Selbstsuche. Man geht in unsichere, unbekannte Zusammenhänge.

Folgendes sind die Meinungen von ihm: Es sind vier Elemente, Feuer, Wasser, Erde, Luft. Eine Freundschaft verbindet und eine Zwietracht trennt sie. Er drückt sich nämlich so aus:
Glänzender Zeus und Leben bringende Hera, Aidon / Und die sterblichen Augen stets Tränen entpressende Nestis.
Das Feuer nennt er Zeus, die Erde Hera, die Luft Aidon und das Wasser Nestis. Von diesen sagt er, dass sie sich immer verändern und nie ruhig sind, und dass diese Einrichtung der Welt ewig sei.

DIOGENES LAERTIUS,
LEBEN UND MEINUNGEN BERÜHMTER PHILOSOPHEN VIII, 3, EMPEDOKLES

Aber erst im Element der Luft ist das Partikulare wirklich negiert, denn Luft ist eben das Medium, das alles Gegenständliche gleichermaßen verbindet und zu seinen bloßen Momenten herabsetzt, nicht mehr als einzelne festhält. Luft ist das leichte Element, sie ist überall. Sie ist auch das schlechthin Transparente im Gegensatz zur opaken Erde. So sehen wir hier auch nicht mehr die partikularen Kulturen, sondern einen gemeinsamen Raum und ein rhythmisches Schwingen zwischen ihnen. Alles ist ja nun in Kontakt getreten, die Isolierung aufgehoben. Luft als Tätigkeit bedeutet, diesen Raum der Kooperation und der Sympathien, der Austauschs zu entwerfen. Die Luftzeichen machen »entgegenkommend«. Der Andere wird wichtig, nicht in einem stummen bloß seelischen Zusammenhang, sondern in einem bewusst artikulierten. Man sucht die Beziehung, und weil alles so leicht geworden ist und nicht mehr schwere Substanz bildet, auch das Veränderliche, Neue, Unerwartete, das sich gerade gestaltet. Erkenntnis ist hier nicht unabhängig zu denken von einer Stimme des Anderen.

Im Feuer geht die sichtbare Tätigkeit aktiv nach außen und zerstört ihre Gegensätze, Feuer ist das reine Verzehren und Opfern aller nur denkbaren Gegenständlichkeit. Die praktische, tätige Negation des Begrenzten ist nun erreicht, während die Luft es zwar theoretisch negierte, aber bestehen ließ. Wärme und das Subjekt setzen die Dinge nun wirklich in Bewegung. Und zwar von *einem* Zentrum aus. Der Mensch des Feuers will führen und geht fordernd auf andere zu. Er ist stolz. Eine absolute Gewissheit und Selbstsicherheit ist ihm eigen, alles von ihm Gewollte erscheint ihm undiskutierbar. Mit dem Aktivismus des Subjekts ist zugleich gesagt, dass es hier um den Rang geht, denn dieser Mensch kann nicht von der Frage absehen, ob er denn auch legitimiert ist zu seinem Tun – und die Antwort findet er nur in sich selbst. So ist auch die Erkenntnis eine, die weniger nach dem Wesen der äußeren Dinge fragt und mehr nach dem, was das Subjekt als Intuition in sich selbst vorfindet.«

»Theodora, du hast einmal gefragt, welche Zeichen als Liebespartner zueinander passen. Die Standardantwort kommt immer aus diesen Elementarverbindungen, also: Stier ›passt‹ zu Jungfrau oder Steinbock. Nur ist das eine ganz vulgäre Ansicht der Liebe. Tatsächlich bestätigen die Zeichen des gleichen Elements einander, aber die Alchimie der Anziehungen ist wohl doch komplizierter.«

»Lasst mich wieder philosophischer reden«, sagte Theodora, ohne auf Joachims Spitze einzugehen. »So, wie wir die Elemente nun behandelt haben, scheint sich eine Folge zu ergeben, in der sich das Subjekt aus dem Objekt gleichsam herausarbeitet. Nur ist im Tierkreis die Reihe eine ganz andere: Da steht zunächst der feurige Widder, dann kommt der erdhafte Stier, dann folgen die luftigen Zwillinge und schließlich der dem Wasser zugeordnete Krebs, und dann gehen die Elemente wieder von vorne los. Das kannst du auf verschiedene Weise auslegen, und es hängt am Ende davon ab, ob du einen altruistischen oder einen aristokratischen Standpunkt vertrittst. Der Altruist kann sagen, dass die Absolutheit des Feuer-Subjekts sich am Erd-Stofflichen erst einmal bricht und dass schließlich die Tat in Leiden und Mitleiden mündet – so geht es ja tatsächlich, von Widder bis Fische; der Eigensinn des Widders erfährt seine praktische Kritik. Andererseits könnte ein Nietzscheaner hier ebenso gut eine Verfallsbewegung, einen Niedergang sehen, in dem das heroische Prinzip des Feuers sich nicht zu behaupten vermag und am Ende alles in ein passiv-phlegmatisches Wesen mündet.«

»Das Horoskop«, gab Juliana zu bedenken, »ist auch hier zweideutig wie die Orakel, es verbietet keine der beiden Auslegungen. Und noch eine Vereinfachung lässt sich vornehmen. Feuer- und Luftzeichen besetzen die Positionen 1, 3, 5, 7, 9, 11 – die ungeraden Zahlen. Erd- und Wasserzeichen besetzen die Positionen 2, 4, 6, 8, 10, 12 – die geraden Zahlen. Man weiß heute von autistischen Sonderbegabungen, die eine besondere Hellsicht für das ›Gesicht‹, die Anmutung einer

Zahl besitzen. Etwas Ähnliches kann man mit den Ungeraden und den Geraden auch erleben, die ersten klingen für mein Gefühl heller, personaler und schärfer, die zweiten irgendwie stofflich-dumpfer, unbewusster und dunkler, nicht?«

»Und wieder muss die Philosophin sprechen«, sagte Theodora. »Diese Unterscheidung war nämlich ein Hauptlehrstück des Pythagoras.

Ihm zufolge entsprechen die geraden Zahlen dem weiblichen Prinzip, aber die ungeraden dem männlichen. Sophie, meine Mitarbeiterin, erzählte mir vom Trauerritus in Kamerun, der sozusagen streng pythagoräisch gefasst ist. Bei Sterbefällen legt man ein Armband als Zeichen der Trauer an. Ist eine Frau gestorben, dann trägt man es links, und zwar für vier Tage, ist ein Mann gestorben, wird es drei Tage lang rechts getragen.«

Dieser Gegensätze werden zehn angegeben (zehn ist bei den Pythagoreern auch bedeutende Zahl), worauf sich alle Dinge zurückführen lassen:
Grenze und Unendliches, Ungerades und Gerades, Einheit und Vielheit, Rechts und Links, Männliches und Weibliches, Ruhendes und Bewegtes, Gerades und Krummes, Licht und Finsternis, Gutes und Böses, Quadrat und Parallelogramm
Es ist dies Versuch einer weiteren Ausbildung der Idee der spekulativen Philosophie in ihr selbst, in Begriffen.

G. W. F. Hegel, Vorlesungen über die Geschichte der Philosophie

»Na ja, so ungewöhnlich ist das vielleicht nicht«, meinte ich, »Die Lehre des Pythagoras ist eben nilaufwärts und dann nach Westen gewandert, andererseits donauaufwärts, vom Mittelmeer aus gesehen machte das keinen großen Unterschied.«

»Die Zeichen der ungeraden Zahlen«, fuhr Theodora in ihrer Darstellung fort, »also die von Feuer und Luft, die ›warmen‹ nennen wir positiv oder männlich; die mit den geraden Zahlen, also Erde und Wasser, die ›kalten‹, sind negativ oder weiblich. Der Hintergrund ist natürlich eine Metaphysik des Aktiven und des Passiven. Als positive Dominanz findest du

Sonne, Jupiter und Uranus, als negative Mond, Saturn und Neptun. Merkur, Venus und Mars beherrschen positive wie negative Zeichen. Und sofort fällt der Unterschied ins Auge: das Vorwiegen der ›positiven‹ Zeichen oder eine ›positive‹ Konstellation von Sonne, Jupiter und Uranus geht großartig ins Tätige und Öffentliche, eine ›negative‹ Konstellation von Mond, Saturn und Neptun ins Leidende, Ursprüngliche und Zurückgezogene, sich Abschließende.

Wir müssen dabei der Lehre der Privilegierungen, denn das ist die pythagoräische, ja nicht in allem folgen – obwohl es auffällt, dass die rechte Seite als die bevorzugte nach dem Rigveda schon im altindischen Orakel als bekannt und selbstverständlich vorausgesetzt wird.

Nun kannst du noch ›feuchte‹ Zeichen – Wasser und Luft – von den ›trockenen‹ – Erde und Feuer – unterscheiden, dann hast du die ganze antike Klimalehre. Und damit auch die der körperlichen Säfte, deren Gleichgewicht die Gesundheit verbürgt. Feucht – das wäre die Dominanz von Mond, Uranus und Neptun; trocken bedeutet den Zusammenhang von Sonne, Jupiter und Saturn, die Konstellation ist also eher autoritär und autoritativ, die feuchte eher mitschwingend, aktiv und pathisch der Kommunikation verbunden.«

»Aber man kann den Tierkreis doch auch durch drei teilen«, sagte Juliana, »und dann erhält man eine erste Gruppe: Sie besteht aus Widder, Krebs, Waage und Steinbock, und das sind die Zeichen, an denen jeweils ein Haupt- und Eckpunkt des Sonnenlaufs erreicht ist. Mit ihnen beginnen Frühling, Sommer, Herbst und Winter. Die zweite Gruppe umfasst Stier, Löwe, Skorpion und Wassermann, in der dritten finden sich Zwillinge, Jungfrau, Schütze und Fische. Das sind nun aber keine Elemente, vielmehr sind in jede Gruppe alle Elemente vertreten.

Um zu verstehen, was die erste Gruppe bedeutet, die der ›kardinalen‹ Zeichen, müssen wir nach der Rolle des Ersten fragen. Der Erste ist immer gleichsam naiv, er handelt; er ›steckt drin‹ im Geschehen und es geschieht ihm, ohne dass der Zusammenhang des Geschicks seinen Sinn schon preisgeben würde, er hat ja zum Reflektieren keine Zeit. Er macht Erfahrungen, aber die Deutung ist ihm noch nicht gegeben, alles steht in der ersten Frische. Die Kräfte, um die es hier geht, offenbaren sich nicht gegeneinander. Wir finden die ersten Wegmarken und Entschlüsse über die Richtung, dramatische Wendepunkte des Geschehens. Und das Geschehen erscheint ebenso zufällig wie es zugleich schicksalhaft, unausweichlich ist. Planetarisch dominieren Mond (Krebs) und Saturn (Steinbock).

Die Rolle des Zweiten ist dadurch bestimmt, dass er sich vom Ersten distanziert, sich von ihm unterscheidet. Mit diesem Akt konstituiert sich sein Selbstbewusstsein: Er ist nun kein anderer als der, der sich unterscheidet, der es anders macht. Und das weiß er auch, und ist insofern bewusster als der Erste, Naive. Er ist ein Besonderer. Er hat ein Begehren, ein eigenes Interesse, ein starkes Ich, das sich durch die Unterscheidung gebildet hat. Wo also die ›fixen‹ Zeichen Stier, Löwe, Skorpion und Wassermann dominieren, da findet man Menschen von einem elektrisierenden Fluidum, sie treten stark und überraschend auf, weil sie sich über dem bloßen Geschehen als Besondere mit einmaliger Triebstruktur wissen. Planetarisch dominieren Sonne (Löwe) und Uranus (Wassermann).

Die Rolle des Dritten ist es von jeher, die noch unrealisierten Hoffnungen zu verkörpern. Er unterscheidet sich, könnte man sagen, ›vom Unterschied‹, vom Zweiten, Besonderen, und bestimmt sich so als den Allgemeinen und auf Allgemeinheit Bezogenen. Ich und Gesellschaft sind hier ganz ineinander vermittelt, der Sinn des Geschehens tritt endlich hervor und wird *als* Sinn, nicht mehr als Zufälliges oder Besonderes, auch gewusst. Der Mensch, bei dem die ›labilen‹ Zeichen Zwillinge, Jungfrau, Schütze und Fische deutlich das Bild beherrschen, ist einer, der aus mentalen Kräften lebt.

Wenn beim ersten die Ansprüche der Momente in sich verschlossen waren und aufeinanderprallten, zeigen sie sich nun als Geflecht von Beziehungen, und dieser Mensch lebt gleichsam in Endphasen, letzten Möglichkeiten, Spitzen, Verfeinerungen und Vergeistigungen, dialektischen und sprachlichen Reflexionen. Planetarisch dominieren Merkur (Jungfrau, Zwillinge), Jupiter (Schütze) und Neptun (Fische). Die Leitfrage dieser drei Stufen ist also die von Verborgenheit versus Evidenz des Sinns.

Nun könnt ihr euch alles wieder zusammensetzen und einmal prüfen, ob es aufgeht. Löwe zum Beispiel ist ein fixes, sonnenhaftes Feuerzeichen, Zwillinge ein labiles, merkurisches Luftzeichen, Krebs ein kardinales, mondhaftes Wasserzeichen.«

DIE ASPEKTE: SYNTAX DER KONSTELLATIONEN

»Nehmen wir an, die Himmelskörper sind nun irgendwie über den Tierkreis verteilt. Wie weiter?« Denn es musste, so meinte ich, doch endlich der Schritt ins konkrete Horoskop gewagt werden, nach so vielen Ausflügen in die Naturphilosophie, die wir unternommen hatten.

»Hier lasst mich mal ran«, sagte Juliana. »Jetzt geht es um Geometrie, um das konkrete Design des Geburtsbildes. Du kannst dir die Astrologie nicht anschaulich genug vorstellen, vor allem, wenn es nun um die wirkliche Deutung geht. Weil sich alles in einem Kreis abspielt, müssen die Verhältnisse, die Konstellationen, in der Sprache der Kreisteilungen beschrieben werden. Erst mit den Aspekten ergibt sich eine Lehre von den Motivlagerungen und Situationen. Kreisteilung, das heißt: mit Lineal und Zirkel regelmäßige Vielecke zu konstruieren, denn nur diese bringen dann die Himmelskörper in wirksame Beziehungen. Nein, es fängt sogar noch etwas früher an.

Das erste ist die Konstellation, die den Kreis *nicht* teilt: die Konjunktion. Sie ist dann gegeben, wenn zwei Himmelskörper am selben Ort des Tierkreises stehen, wenn also der ganze Kreis mit 360 Grad einmal durchlaufen ist. Ihre Kräfte konzentrieren sich dann unverhältnismäßig stark auf einen Punkt, sie wirken abstandslos zusammen und verursachen ein starkes »Muss«, das aus einer bestimmten Richtung kommt.

Die erste wirkliche Kreisteilung, in 180 Grad, ist die Opposition: Zwei Himmelskörper stehen einander genau gegenüber. Es leuchtet ein, was hier gemeint sein muss: ein Zwiespalt und Gegensatz der Kräfte, ein Wendepunkt der Entwicklung, eine Polemik. Man sieht diesen Menschen dann in dramatischem Widerstreit seiner Anlagen. Das muss kein schlechter Aspekt sein, nur wirft er je und je aktuelle Konflikte auf. Zwei, die einander gegenüberstehen, sind eben noch kein Ganzes.

Das Trigon gilt als guter und förderlicher Aspekt. Ein gleichseitiges Dreieck wird in den Kreis eingezeichnet, es teilt ihn in dreimal 120 Grad. Nun ist der Zwiespalt ausgeschlossen, ein Ganzes ist erstmals entstanden, und zwar in der Harmonie seiner Entfaltung. Meist verbindet ein Trigon ja auch Zeichen des gleichen Elements und Temperaments, sodass es eine natürliche Harmonie ist. Ein Trigon im Horoskop zu haben – und gar ein durchlaufendes, in dem alle drei Positionen besetzt sind, bedeutet: Bestätigung erfahren. Die Türen öffnen sich dann, gerade wenn du kommst. Erinnert euch an den Satz des Mephisto: ›Du musst es dreimal sagen‹. Was dreimal gesagt ist, oder von dreien, das gilt. Drei, Trigon ist der Aspekt, der allen Unternehmungen die sichere und problemlose Grundlage gibt.

Ganz anders steht es nun mit dem Quadrat, das du in den Kreis einzeichnest. Im Winkel von 90 Grad durchkreuzen sich zwei Oppositionen, die sich gleichsam noch gegenseitig in die Quere kommen. Es ist auch eine Einheit, sicher, aber sie ist aus Verneinungen gebaut. Die Einheit selbst ist die Einheit des Problems oder als Problem; als Aufgabe, nicht als Gabe. Wer ein Quadrat im Horoskop hat – selten sind die Fälle, bei denen alle vier Positionen besetzt sind, wo es also durchläuft – der hat es mit Konflikten zu tun, die in sich noch einmal verkantet sind, er steht nicht in der Harmonie, sondern vor einem zerrissenen Ganzen. Was dieser Aspekt dem Menschen abfordert, ist das stets erneuerte Durcharbeiten des Problems; eine einfache Lösung ist nicht in Sicht. Das höchste Problemniveau sehen wir, die ganz ausprofilierte Schwierigkeit. Alles erscheint blockiert.

Nun kannst du den Kreis auch durch fünf teilen, mit 72 und 144 Grad. Der erste Aspekt heißt Quintil, der zweite Biquintil. Hier bildet sich erstmals eine regelmäßige Sternfigur. Sie verbindet nicht mehr Positionen im gleichen Element, ihre Harmonie ist höher. Man hält den Aspekt für schwach, aber er hat es seiner Qualität nach in sich. Übrigens ist man erst spät, wohl erst mit Kepler dazu übergegangen, ihm im Horoskop überhaupt eine Wirkung zuzugestehen. Die besondere Wirkung des Aspekts ergibt sich daraus, dass in ihm der ›Goldene Schnitt‹ die Hauptrolle spielt. Und der ist nach alter Lehre eine Idealproportion. Warum? Die Antwort auf diese Frage verlangt einen kleinen Umweg.

Jedermann weiß«, fuhr Juliana fort, »wie ästhetisch unbefriedigend, wie langweilig eine Ordnung ist, die Gleiches an Gleiches reiht, in schlichter Regelmäßigkeit. Solch eine Regelmäßigkeit ist etwa das Quadrat – seine vier Seiten sind gleich lang. Der Designer scheut solche Ordnungen, wenn er sie nicht als provokante Banalität in einen komplizierteren Gestaltungskontext als Akzent einführen kann. Absolute Symmetrie ist zwar eine Ordnung, sogar die allererste und allerelementarste, aber eine reizlose. Im neunzehnten Jahrhundert glaubten Soziologen wie Spencer, Simmel und Durkheim sogar an ein allgemeines, quasi ästhetisches Gesetz der Evolution: Je ähnlicher die Teile eines Gebildes einander sind, um so entwicklungsgeschichtlich älter ist es auch. Das gilt für den Farn (im Vergleich mit der Buche) genauso wie für den Regenwurm (im Vergleich mit dem Hund) wie für Gesellschaften mit wenig ausgeprägter Arbeitsteilung (im Vergleich zur industriellen Gesellschaft, ja schon zur hochkulturellen).

Logisch höher als das Regelmaß steht das Gesetzmäßige. Das also, was nicht etwa schlechthin unregelmäßig ist, chaotisch, sondern das Verschiedene in ein plausibles Verhältnis bringt – so ist die Ellipse mit ihren zwei Brennpunkten für das Auge und den Geist interessanter als der bloße Kreis. Der Goldene Schnitt bezeichnet nun das Verhältnis zweier unterschiedlich langer Strecken, bei der die größere sich zur kleineren verhält wie ihre Summe zur größeren. Das ist eine Formel von bezwingender logischer Eleganz: Man hat zwei ungleiche Momente und ein Ganzes, und zwischen ihnen herrscht nicht der bloße Unterschied, sondern eine und nur eine Beziehung – man könnte sagen, dass hier das Verhältnis aller Verhältnisse vorliegt. Jahrhundertelang hat die Ästhetik dieser Proportion deshalb einen hohen Rang zugesprochen – und daher der Name *sectio aurea*, Goldener Schnitt.

Es gibt mindestens zwei Wege, zum Goldenen Schnitt zu gelangen. Der eine ist die Konstruktion eines regelmäßigen Fünfecks. Zeichnet man in dieses einen fünfeckigen Stern (das Pentagramm) ein, dann ergibt sich gleich mehrfach der Goldene Schnitt, ja es ist so, dass jede Teilstrecke einer Linie in einer andern ihr Pendant findet, das zu ihr in dem erwähnten Verhältnis steht.

Die Verhältniszahl, die die Proportion regiert, ist: 1,618 033 989... Man kann zu ihr auch rechnerisch gelangen: Man denkt sich zwei unterschiedlich große, ansonsten beliebig ausgewählte Zahlen und teilt die größere durch die kleinere. Dann bildet man die Summe der beiden Zahlen und teilt diese durch die größere. Wiederholt man nun diese Operation immer aufs neue, dann nähern sich die aufeinanderfolgenden Ergebnisse einander an: und zwar (bei unendlicher Wiederholung) auf den Wert 1,618 033 989...

Man stößt wieder einmal auf das pythagoräische Element aller Mathematik: An bestimmten Knotenpunkten des Gedankens trifft man auf mathematische Sachverhalte, die logisches und ästhetisches Entzücken verbinden. Wer also Quintile und Biquintile in seinem Horoskop hat, darf auf höhere Harmonien seines Geschicks gefasst sein, nicht bloß auf Bestätigungen.

Ein Schritt weiter, und wir sind beim Sextil. Zwei Trigone sind so ineinander gestellt, dass jeder Punkt auch in Opposition zu einem anderen steht: Der Kreis, durch sechs geteilt, ergibt einen Winkel von sechzig Grad. Nach dem, was wir über die Teilaspekte gesagt haben, die im Sextil stecken, werden wir eine große, gehaltvolle Spannung erwarten, eine in sich gebundene. Man mag an einen bedeutenden Akkord denken, wenn die Figur wirklich ganz erscheint, ja selbst wenn das Sextil nur zwischen einer Opposition und einem Trigon vermittelt. Gegensatz und Förderung, zugleich auftretend, setzen die große Aufgabe, das Problem, und zugleich die Mittel zu seiner Lösung. Das Sechseck oder der sechszackige Stern spielt eine Rolle in der Natur – du kannst mit Sechsecken sehr schön Fliesen legen, die Bienen bauen ihre Waben so, und die Schneeflocke kennt nur diese Form. Eigentümlich ist es, dass der Radius des Kreises genau der Abstand von zwei Ecken ist. Johannes Kepler hat sich in einer Schrift über die Form der Schneeflocken darüber verbreitet. Kepler vereinte in sich die Tätigkeiten des Astronomen, des Mathematikers, des Musiktheoretikers und des Astrologen. Die Möglichkeit dieser frühneuzeitlichen Mischung von Disziplinen lag in der Idee, dass den mathematischen Verhältnissen des Kosmos ästhetische Wirkungen entsprächen. Dabei griff Kepler vor allem auf die fünf regelmäßigen »platonischen Körper« zurück, in deren Größenverhältnissen er das Gesetz für die Abstände der Planeten vermutete. Das Sonnensystem war insofern nicht nur mathematisch konzipiert, sondern die Mathematik ihrerseits mündete in eine Gestalt, der Schönheit zugesprochen werden musste, eine *Weltharmonik*, wie der Titel von Keplers Hauptwerk festhielt.

Es mag diese Aufmerksamkeit für Körper und Symmetrien gewesen sein, die Kepler zum ersten Beobachter der Schneekristalle machte. Während eines Spaziergangs über eine Brücke seien ›durch Zufall‹, wie er zunächst schreibt, weiße Flocken auf seine Kleidung gefallen, ›alle sechsförmig und mit gefiederten Strahlen‹. Kepler nahm im Jahr 1609 die Beobachtung zum Anlass für eine kleine Schrift – *Strena seu de nive sexangula* –, die der Frankfurter Wissenschaftshistoriker Frank Linhard mit einer Einführung versehen hat, in der er die Geschichte der Kristallographie seit Kepler skizziert (Johannes Kepler, »Über den hexagonalen Schnee«, in: *Zeitsprünge. Forschungen zur Frühen Neuzeit*, 4. Jg., Heft 3, Verlag Vittorio Klostermann, Frankfurt/Main 2000).

Der Charakter der Schrift, die 1611 in Frankfurt am Main erschien, ist nicht leicht zu umschreiben: Am ehesten ließe sie sich als wissenschaftlicher Essay bezeichnen, in dem sich strenge Fragestellungen finden, in dem Hypothesen mit Gründen erwogen und verworfen werden, in den aber auch eine Fülle literarischer Anspielungen und Witze eingestreut sind. Beim Element der Luft, wo Kepler an ›Wind‹ und ›Rauch‹ denkt, kommen auch die unabgegoltenen Gehaltsansprüche Keplers an die kaiserliche Kasse metaphorisch zur Sprache. Zugleich war die Abhandlung ein sinnreiches, zur Jahreszeit passendes Neujahrsgeschenk an den Hofrat Johannes Mattheus Wackher von Wackenfels. ›Da ich weiß, wie sehr Du das Nichts liebst, nicht wegen seines geringen Wertes, sondern ganz wie das witzige und zugleich anmutige Spiel der frechen Spatzen, so ist es mir leicht zu erraten, um wieviel lieber und willkommener Dir ein Geschenk sein wird, je mehr es dem Nichts nahekommt.‹ Das Sechseck war für Kepler auch deshalb bedeutsam, weil im astrologischen vierten Teil der *Weltharmonik* der Charakter des Planetenaspekts von sechzig Grad, des Sextils, zu erläutern war. Trotz aller Abschweifungen lässt die kleine Schrift den Verlauf eines wissenschaftlichen Gedankengangs erkennen – und dies so sehr, dass man sie als Modell einer wissenschaftlichen Überlegung ansehen kann. Wenn die Form der Flocken Zufall gewesen sein sollte, so fragt Kepler, warum bilden sich nicht auch fünf- oder siebeneckige Flocken? Es muss einen Grund geben. Könnte es sein, dass in der fünfeckigen Anordnung mancher Blumen, in der die Maße des goldenen Schnitts verborgen liegen, einer sich selbst fortzeugenden Proportion, die ›Möglichkeit der Zeugung fixiert‹ wird? Dann würde, wie Kepler anmutig notiert, ›in der Blüte der Möglichkeit der Vermehrung ein reines fünfeckiges Fähnchen vorangetragen‹. Aber es gibt Blüten mit einer sechseckigen Anordnung – nur wachsen unter fünfeckigen Blüten fleischige oder mürbe Früchte, unter den sechseckigen aber nur ›Samen an einer trockenen kleinen Stelle‹.

Ist das Sechseck eine praktisch-sparsame Figur, mit der sich eine Ebene ohne Zwischenräume belegen lässt und die doch dem Kreis näher kommt als das Viereck? Ja, antwortet Kepler, aber dies kann für den Schnee nicht der Grund sein, weil es sich hier gerade um einzelne Flocken handelt. Auch der Bau der Bienenwaben wird diskutiert, die Form von Kristallen erwogen. Schließlich aber muss Kepler die Untersuchung aufgeben und an eine andere Disziplin weiterverweisen: ›Daher sollten die Chemiker sagen, ob im Schnee ein Salz ist, welcher Art dieses Salz ist und wie es die Figur hervorbringen könnte.‹

Es gibt keinen Aspekt eines Siebenecks in der Astrologie. Warum das so ist, darüber kann man nur eine Vermutung anstellen: 360 Grad geteilt durch 7 ergibt eine irrationale Zahl. Ein regelmäßiges Siebeneck kann nicht mit Zirkel und Lineal konstruiert werden.

Das Halbquadrat und das Anderthalbquadrat sollen den Abschluss bilden: Teilst du den Kreis durch acht, dann ergeben sich zwei ineinander verkantete Quadrate, ein Achteck, und die Winkel, die hinzukommen, betragen 45 und 135 Grad. Man wird annehmen, dass die Durchkreuzung der Vorhaben hier ausgelöst wird durch kleinste, übersehene Momente.

Jetzt müssten wir ein Horoskop eigentlich deuten können. Ich gebe euch ein Beispiel, nein, tatsächlich nur einen Auszug aus dem vollständigen Geburtsbild, aber er scheint mir sprechend genug. 11. September 1903, männliche Geburt. Uhrzeit unbekannt. Pluto stand 20 Grad 41 Minuten im Zeichen Zwillinge, Uranus 21 Grad 40 Minuten im gegenüberliegenden Zeichen Schütze. Also in ziemlich exakter Opposition. Jupiter rund achtzehneinhalb Grad in den Fischen, die Sonne legte an diesem Tag die Strecke von 17 bis 18 Grad Jungfrau zurück – sie stand also in Opposition zum Jupiter, und beide Oppositionen waren im Quadrat verkantet, was nicht gerade häufig vorkommt. Stellt es euch so vor« – Juliana hielt den linken Unterarm waagerecht vor sich, den rechten senkrecht, so dass sie sich kreuzten. »Wir haben die Konstellation des kompletten Quadrats als Hinweis auf ein höchstes Problemniveau erkannt, und sie spielt hier sich in den labilen Zeichen ab, in denen wir die eigentlich reflektierenden sehen wollten. Nun nimm noch hinzu, dass es sich um eine Konstellation der rein positiven Himmelskörper von Sonne, Jupiter und Uranus handelt, der wir die Wirkung nach außen zutrauen, den Schritt in die Öffentlichkeit, zudem ist sie akzentuiert durch das Hinzutreten Plutos, den massenwirksamen Energien. Was für einen Menschen also wirst du erwarten? Einen, der die Probleme der Reflexion verfeinert, aber in höchster Tätigkeit erlebt. Es ist das Geburtsbild Adornos.«

THANATOGRAPHIEN

»Verzeih, wenn ich am Ende zu einem heiklen Thema komme«, sagte Astrid, als wir uns in Klingenberg trafen, um uns bei fränkischem Rotwein am Abendblick auf den Main zu erfreuen, »aber wir können ihm nicht ausweichen. Kann der Astrologe aus dem Horoskop auch den Tod vorhersagen?

»Es wäre frevelhaft«, sagte Joachim. »Und doch ist auch der Tod wohl kein ganz zufälliges Datum. Er erscheint mir als ein letztes bedeutendes Siegel, das eben auch ›sprechend‹ ist, selbst wenn es für diese Sprache keine Regel gibt. Manchmal erträume ich mir eine literarische Gattung, die ich Thanatographie nennen möchte, im Gegensatz zur Biographie. Wie die Tage der Heiligen nicht ihre Geburts-, sondern ihre Todestage sind, so stelle ich mir ein anderes Wissen vom Menschen vor, das ihn von seinem Tod her beschreibt. Ich denke dabei an den Fall Joyce.

Der 16. Juni 1904, der Tag, an dem der Anzeigenakquisiteur Leopold Bloom in Dublin so allerhand erlebte, war auch der Tag, an dem James Joyce zum ersten Mal mit Nora Barnacle ausging, seiner späteren Frau. Der Bloomsday fehlt allerdings in dem wichtigsten Lebenszeugnis, in dem Buch, das der jüngere Bruder Stanislaus Joyce hinterlassen hat. Übersetzt wurde es von keinem Geringeren als Arno Schmidt. Es heißt *Meines Bruders Hüter*, und schon der Titel deutet auf das christliche Anspielungsnetz, mit dem auch der *Ulysses* arbeitet, wenn er mit einer Parodie der katholischen Messe einsetzt. Wer das Buch des Bruders wieder zur Hand nimmt, muss auf eine Überraschung gefasst sein. Nicht gleich allerdings. Es beginnt mit der frühesten Jugend der Joyce-Kinder, sie spielten Adam und Eva, James übernahm die Rolle des Versuchers. Stanislaus hat sich vor allem in der frühen Zeit um seinen Bruder gekümmert und ihn, dessen Ingenium auch einfachen Leuten offenbar sofort auffiel, unterstützt, wo er nur konnte. Wie James wurde auch Stanislaus Sprachlehrer in Triest. Aber meist hatte er weniger Glück: Während er mit dem Kriegsbeginn 1914 von den Österreichern interniert wurde und, wenn auch relativ komfortabel, den Krieg ohne Bewegungsfreiheit verbringen musste, ließ man James in die Schweiz ausreisen. Und es kam hinzu, dass er bald im Schatten des Berühmten stand. Stanislaus Joyce hat das Buch über seinen Bruder nicht abschließen können. Auf den letzten fünfzig Seiten ist er beim August 1903 angekommen. Die Mutter liegt im Sterben, James reist aus Paris nach Dublin zurück. Die Mutter stirbt, so sieht es Stanislaus, als ein Opfer der Familienverhältnisse: ›Sie hatte sich mit ihrem verbrauchten Körper zwischen ihren Gatten und ihre Familie geworfen und war in dem Kampf, sie vor den verheerenden Wirkungen seiner Trunksucht zu bewahren, nur dem Tode erst gewichen.‹ Und noch eine Gefallene der Familie beklagt Stanislaus, die jüngere Schwester Mabel, die die Mutter nur um fünf Jahre überlebte: ›Sie starb, als sie vierzehn war, als letztes Opfer unseres Familienlebens.‹ Stanislaus, der bekennende Atheist, legte sich die Geschichte der Familie Joyce als einen mythischen Zusammenhang zurecht, dessen Glieder einander auf Leben und Tod verbunden waren. Je weiter die Erzählung voranschreitet, umso langsamer fließt sie auch, wie ein Strom, der in einem breiten Delta angelangt ist. Retardierende und antizipierende Szenen schalten sich ein, und beim Datum aller Joyceschen Daten, dem 16. Juni 1904, dem Bloomsday, kommt Stanislaus niemals an. Er stirbt während der Arbeit an dem Buch – am 16. Juni 1955. Was gäbe man für eine spekulative Literaturwissenschaft, die, wenn sie schon keine Antwort weiß, doch zumindest die Frage nicht abwehren würde, in welchen Kalendern, höheren Orts, solche Daten verzeichnet sind.«

»Vielleicht würde es bis hierhin auch eine kluge psychoanalytische Theorie schaffen«, meinte Astrid.

»Mag sein. Aber nicht mehr bei der nächsten meiner Fallgeschichten, die ich über die Jahre gesammelt habe.«

»Lass hören!«

Und Joachim begann.

»›Herbst. Windstill‹ lautet die Szenenanweisung des ersten Volksstücks von Ödön von Horváth. Am Ende hat sich ein Sturm erhoben, der mehrere Männer verschluckt. Um Horváth ist es stiller geworden. In den sechziger, siebziger Jahren hatte man ihn wiederentdeckt, zusammen mit Marieluise Fleißer und Oskar Maria Graf. Man schätzte den spezifisch süddeutschen, in Horváths Fall kakanisch-zarteren Blick auf die Moderne, seine Sympathie für die kleinen Leute, für ihren Dialekt und für die Unbeholfenheit, mit der sie ihre Liebes- und Lebensnot in die rechten Worte zu kleiden versuchten. Horváth sah in den linken Klassenkämpfern, den angepassten oder auf Abwege geratenen Angestellten und in den Männern der schwarzen Reichswehr nicht Charaktermasken der Geschichte, sondern Kreaturen, die einen Anspruch auf moralische Parabeln hatten. Merkwürdig allerdings ist es, dass inmitten der neuen Sachlichkeit, der sport- und stadtbesessenen Moderne auch die Natur mitspielte, und nicht nur als Sturm. Horváths Figuren werden von Bäumen angezogen wie von einem geheimen Lebensmagneten, auch wenn die kunstvoll-lakonische Sprache jede Sinngebung zu dementieren scheint, zuweilen gar ironisch wird. ›Es war nirgends eine Bank zu sehen, und sie haben sich dann ins Gras gesetzt. Unter einer Ulme. Das war ein großer alter Baum, und die Sonne ging unter. Im Westen, natürlich. Überhaupt ging alles seine schicksalhafte Bahn, das Größte und das Kleinste, auch unter der Ulme.‹ Wie eine leise Pauke gibt das Wort ›Ulme‹ dieser Passage einen tieferen Rhythmus: ›Auch Agnes und Eugen saßen schweigend unter ihrer Ulme, und sie dachte: ‚So ein Baum ist etwas Schönes.‘ Und er dachte: ‚So ein Baum ist etwas Schönes.‘ Und da hatten sie beide recht.‹

Gibt es überhaupt eine Perspektive, aus der Horváth den Baum nicht betrachtet hätte? In dem Einakter *Epilog* treten ein Mädchen und ein junger Mann auf. Der Mann wird das Mädchen töten, das schon am Anfang von Ahnungen heimgesucht wird und immer wieder von Verfolgern träumt: Sie schildert, dass in ihren Träumen die Erde zittert und die Gebäude auf sie niederstürzen, aber ein Schrei weckt sie auf. ›Dann fliehe ich nicht. Ängstige mich nicht – bin, wie blühende Bäume in der Erde sind, und lebe.‹ In dem Stück *Der jüngste Tag*, das um die Schuld an einer Eisenbahnkatastrophe kreist, gehört der erste Auftritt einem Waldarbeiter ›mit einem leeren Rucksack und einer Baumsäge‹. Im Romanfragment *Schlamperl* von 1933 schließt sich der Protagonist selber einer Gruppe von Holzfällern an: ›Anfangs konnte er die Axt kaum heben und wurde sehr bald müde.‹ Tanzende Wälder begegnen dem Leser in dem frühen, exotisch gestimmten Prosagedicht ›Das Teehausmädchen‹.

Horváths letzter Roman, *Ein Kind unserer Zeit*, entstand 1937. Es ist der innere Monolog eines gerade Zwanzigjährigen, der der faschistischen Elitetruppe eines ungenannten Landes angehört und mit ihr bei der Besetzung eines kleinen Nachbarstaates eingesetzt wird. Der Faschismus hat bei Horváth kaum eine politische oder klassenmäßige Wurzel; er ist das reine Böse, das sich der sittlich zerrütteten, im Ersten Weltkrieg geborenen Generation bedient. Auch hier hat Horváth ein moralisches Märchen geschrieben: die Geschichte eines Mannes, der das Gute versäumt. Der Leser bemerkt bald, dass er es bei Horváth nicht mit einem scharfen, brechtschen Zyniker zu tun hat, und er versteht, dass sich der Autor keiner Partei verschreiben konnte. ›Es wächst ein Baum, ein toter Baum‹ – dieser Satz taucht im Gedankenfluss des jungen Mannes auf, er leitet über zur Szene eines Kriegsverbrechens: Man hatte fünf Zivilisten an ihm gehenkt. Der Kämpfer verliert einen Arm und ist fortan für die Zwecke seiner Führer nicht mehr brauchbar. Er sucht eine Umkehr, er ahnt das Gute, das ihm zweimal – in der Gestalt einer jungen Frau und in seinem Hauptmann, der aus Abscheu vor der verbrecherischen Kriegsführung den Tod gesucht hatte – begegnet war. Als er versucht, die feenhafte Erscheinung wiederzufinden, muss er feststellen, dass man sie entlassen hat; wegen einer Abtreibung sitzt sie im Gefängnis. Und der Mann, der nichts anderes gelernt hat als das Töten, kann sich die Rückkehr zum Guten nur so vorstellen, dass er seinerseits nun den leitenden Angestellten tötet, der damals die Entlassung der fernen, nur ein einziges Mal erblickten Geliebten zu verantworten hatte. Am Schluss zieht es ihn in einen Park. Langsam erfriert er unter Bäumen, und noch im Sterben setzt er seinen Monolog fort: ›In den Bäumen tickt eine Uhr – schlaf nur nicht ein!‹

Die Uhr tickte in einem anderen Baum. Am 1. Juni 1938 besuchte Horváth in Paris die Nachmittagsvorstellung von Walt Disneys Zeichentrickfilm *Schneewittchen und die sieben Zwerge*. Danach traf er Robert Siodmak, den Filmregisseur und Exilgenossen, und dessen Frau. ›Abends um sieben Uhr trennte man sich‹, heißt es in einem kurzen Lebensbild. ›Auf dem Weg die Champs-Elysées entlang fiel ein von einem Sturm gelöster Ast auf den Kopf des Autors. Ödön von Horváth war sofort tot.‹«

Zunächst wollte niemand reden. Juliana versuchte einen matten Witz: »Woher wusste denn der Baum, wer da unten ging?« Aber niemand war in der Laune, darauf einzugehen. »Etwas aus der Philosophie«, meinte ich, »passt hier vielleicht. Im Grunde haben sich alle Denkenden um eine Antwort auf die Frage bemüht, woher der Baum das weiß. Leibniz sagt, Gott ist Schöpfer ebenso sehr wie Vater, und die Uhren des Schöpfers und des Vaters gehen synchron.«

»Das würde bedeuten«, sagte endlich Astrid, »dass wir zu einer allgemeinen Kalenderwissenschaft übergehen. Wir haben die sternische Bestimmung enträtselt, nur um auf neue Rätsel zu stoßen. Das einzige, was wir nicht wollen ist: von

›Kontingenz‹ zu reden, als sei am menschlichen Leben nicht mehr daran. Irgendetwas anderes muss mit uns gemeint sein. Ja, auch das, was wir selbst meinen und tun, ragt in eine andere Sphäre hinein. ›Kontingenz‹ ist oft nur die Parole eines entspannten Bewusstseins, das zum Gedanken nicht die Kraft und den Mut findet. Dantes *Göttliche Komödie* ist das unerreichbare Vorbild: Antike, Gegenwart, Politik, Theologie und eine Reise durch die Planetensphären, alles ist da, alles wird ineinander gespiegelt. Das Epos nimmt Gott den Schöpfer und Gott den Vater wieder in eine Person zurück, es schließt mit der Anrufung der göttlichen Liebe, die die Sonne und die anderen Sterne bewegt: ›l'amor, que muove il sole e l'altre stelle‹.«

»So wollen wir auch schließen«, meinte Theodora.

DANK

Das *Tetrabiblos* des Claudius Ptolemäus sollte für jeden die Grundlage bilden. Trotz mehrfacher Lektüre blieben mir die fünf Bücher des Manilius fremd, der Römer spielt eine historisch wichtige, in der Lehre aber deutliche Außenseiterrolle. Manilius versuchte, die Lehre von den »Herrschern« der Zeichen auf den römischen Kult umzustellen, man findet hier etwa Vulkan und Juno als Tierkreispatrone, was sich im weiteren Verlauf nicht durchsetzte. Deshalb trifft es die Sache nicht, wenn man, wie Claudia Brosseder, statt von qualitativen Unterschieden nur von einer »raffinierteren Technik« des Manilius spricht.

Benutzt habe ich in diesem Buch vielfach Regiomontans *Natürliche Kunst der Astronomei / Des weitberümpten Johannen Kunigspergers / kurzer begriff. / Von natürlichem influß der Gestirn / Planeten / und XII. Zeychen* (Straßburg 1529). Bewundernd stehe ich vor den Leistungen der Neueren. Unter ihnen haben mich am meisten beeinflusst: Herbert Freiherr von Klöckler mit seiner unbestechlichen, zurückhaltenden Sachlichkeit. Bei ihm kann man alles Technische zur Berechnung des Horoskops zuverlässig lernen; sodann Oskar Adler (dessen Buch Arnold Schönberg noch auf dem Sterbebett las), Fritz Riemann, Thomas Ring, Oskar A. H. Schmitz und Sigrid Strauss-Kloebe mit ihrer spekulativen Energie, die nicht denkbar wäre ohne die Gedanken der philosophischen Anthropologie der zwanziger Jahre, und schließlich Elsmarie Anrich mit ihrer ergreifenden Treue zur Tradition. Ihren Werken kann man nichts hinzufügen, man kann nur versuchen, es noch einmal anders zu sagen.

Ohne Anne Hamilton hätte dieses Buch nicht geschrieben werden können.

ABBILDUNGSNACHWEIS

Mit Ausnahme des Meissener Porzellantellers auf Seite 12 und der Darstellungen des Uranus und Neptun von Alfred Kubin (aus: *Die Planeten. Eine Folge*, Staackmann, Leipzig 1943) auf den Seiten 111 und 115, sind sämtliche Abbildungen dem Band *Der astrologische Gedanke in der deutschen Vergangenheit* von Heinz Artur Strauß (R. Oldenbourg, München/Berlin 1926) entnommen.